Philosophie in Lateinamerika:
Eine Einführung

FEDERICA GONZÁLEZ LUNA,
RAZVAN ADRIAN SANDRU,
FERNANDO WIRTZ
MIT EINEM BEITRAG VON ESTELA FERNÁNDEZ NADAL

Philosophie in Lateinamerika: Eine Einführung

TÜBINGEN UNIVERSITY PRESS

Bibliografische Information der Deutschen Nationalbibliothek
Die Deutsche Nationalbibliothek verzeichnet diese Publikation in der Deutschen Nationalbibliografie, detaillierte bibliografische Daten sind im Internet über http://dnb.de abrufbar.

Die Online-Version dieser Publikation ist auf dem Repositorium der Universität Tübingen frei verfügbar (Open Access).
http://hdl.handle.net/10900/151624
http://nbn-resolving.de/urn:nbn:de:bsz:21-dspace-1516249
http://dx.doi.org/10.15496/publikation-92964

Tübingen University Press 2024
Universitätsbibliothek Tübingen
Wilhelmstr. 32
72074 Tübingen
tup@ub.uni-tuebingen.de
www.tuebingen-university-press.de

ISBN (Hardcover): 978-3-947251-97-1
ISBN (PDF): 978-3-947251-98-8

Umschlaggestaltung: Sandra Binder, Universität Tübingen
Coverfoto: Bild bei Noémie Girardet
Satz und Layout: Sandra Binder, Universität Tübingen
Vertrieb: BoD – Books on Demand, Norderstedt
Printed in Germany

INHALT

EINFÜHRUNG

FEDERICA GONZÁLEZ LUNA, RAZVAN ADRIAN SANDRU, FERNANDO WIRTZ

Eine gute Möglichkeit, unsere philosophische Reise durch Lateinamerika zu beginnen, sind die Worte des peruanischen Denkers Gamaliel Churata (1897–1969):

> »Ich bin auf der Suche nach Amerika. Gibt es Amerika? Was es gibt, sind Gruppen von Völkern, Absichten von Verpflanzungen, Zusammenschlüsse, die versuchen, eine Nation zu bilden. Sich den Nomenklaturen zu beugen, bedeutet, sich selbst klein zu machen, denn wir sind mehr als eine Nomenklatur: Wir sind eine Welt im Keim; und eine Welt ist eine ständige und überraschende Vielfalt. Was wir unter Amerika verstanden, war nur eine feudale Metapher, eine Abstraktion und, um es auf eine Formel zu bringen: die Hypostase des Werdens.« (Churata 2017, 124)[1]

Was ist (Latein-)Amerika? Wir sehen, dass der Name selbst zweideutig erscheint. Heute ist das Wort »Amerika« für die Vereinigten Staaten reserviert, aber zu Beginn des 20. Jahrhunderts herrschte noch die Idee einer verspro-

---

1 »He venido en busca de América. ¿Es que América existe? Lo que existe son grupos de pueblos, intenciones de trasplantes, hacinamientos que tratan de hacer nación. Inclinarnos a las nomenclaturas es empequeñecernos cuando somos algo más que una nomenclatura: somos un mundo en germen; y un mundo es variedad constante y sorpresiva. Lo que entendimos por América fue sólo una metáfora feudal, una abstracción y, para decirlo en una fórmula: la hipóstasis del devenir.« – Alle Übersetzungen aus dem Spanischen ins Deutsche stammen, sofern nicht anders angegeben, von den jeweiligen AutorInnen der Artikel.

chenen Solidarität zwischen allen Völkern des amerikanischen Kontinents. Amerika war eine »Welt im Keim«, ein vielversprechendes Land der Utopien.

Churatas Frage – Gibt es Amerika? – ist jedoch eine philosophische Frage an sich. Während in Europa der Begriff der Nation negativ mit Fremdenfeindlichkeit assoziiert wird, ist der Nationsbegriff in den lateinamerikanischen Ländern oft mit dem Kampf um Emanzipation verbunden. Obwohl diese Kämpfe nicht frei von Gewalt und Fremdenfeindlichkeit waren, muss die Frage der Identität in Lateinamerika aus einer nicht eurozentrischen historischen Perspektive betrachtet werden. Daher lautet eine der zentralen Fragen der lateinamerikanischen Philosophie genau: Gibt es eine lateinamerikanische Philosophie?

Die Frage nach der Existenz einer lateinamerikanischen Philosophie ist zum einen performativ. Sie selbst beweist die Existenz eines kritischen Denkens. Andererseits ist diese Frage auch ein Symptom für eine Unsicherheit oder Angst. Im Vergleich zu Europa gibt es in der amerikanischen Geschichte keine »Philosophie« im europäischen Sinne. Viele amerikanische DenkerInnen waren der Meinung, dass der amerikanischen Kultur die Raffinesse, Systematik und Tradition fehlte, die die europäische Philosophie besaß. Diese Unsicherheit ist ein Produkt der kolonialen Geschichte Amerikas. Die Eroberung Amerikas durch Europa führte zu einer historischen Dislokation voller Gewalt, sowohl physisch als auch epistemisch. Die politische Unterdrückung wirkte als eine geistige Unterdrückung. Die amerikanischen Philosophien wurden von der Landkarte getilgt und als Aberglaube, Religion oder Mythos abgestempelt. Das europäische Denken dominierte jahrhundertelang, bis die politische Unabhängigkeit einen kritischen Prozess der intellektuellen Autonomie einleitete. Es stellte sich die Frage: »Gibt es eine Philosophie in Lateinamerika?« Und die Frage selbst war eine Übung, die die Konstruktion einer Philosophie implizierte.

Sicherlich könnte man die Angemessenheit des Titels dieses Buches – »Philosophie in Lateinamerika« – infrage stellen. Warum nicht einen anderen Ausdruck verwenden? Man könnte, zum Beispiel, von »*lateinamerikanischer* Philosophie« oder einfach von »lateinamerikanischem *Denken*« *(pensamiento latinoamericano)* sprechen. Der Gedanke, dass indigene Traditionen nicht wirklich »Philosophie« sind, wenn wir verstehen, dass der Begriff »Philosophie« auf eine in der europäischen Geschichte verankerte Genealogie antwortet, ist sicherlich vertretbar. Aus diesem Grund verwenden einige AutorInnen den Begriff *sentipensar* (etwa »Fühldenken«), um eine Logik zu bezeichnen, die nicht westlich, abstrakt oder dualistisch ist. Der Ausdruck »*lateinamerikanische* Philosophie« scheint die Betonung auf das Adjektiv zu legen. In diesem Sinne könnte man an eine spezifisch *lateinamerikanische Philosophie* denken. Aber was ist mit den indigenen Philosophien vor der Existenz dessen, was wir heute Lateinamerika nennen? Oder man könnte genauso gut fragen: Inwieweit ist das, was in Lateinamerika praktiziert wird, *lateinamerikanische Philosophie* und nicht nur einfach *Philosophie*? Vielleicht ist die Formulierung »Philosophie in Lateinamerika« auch nicht ganz angemessen. Aber wir verstehen »Philosophie« in einem weiten Sinne und nicht als etwas, das in der westlichen Geschichte verankert ist, wo das Wort entstanden ist. Für uns bezieht sich der Titel »Philosophie in Lateinamerika« auf eine historische Situation, die zahlreiche Traditionen umfasst. Die Präposition »in« bezieht sich also auf eine geografische, historische und soziale Situation. Diese Situationalität ist offen und dynamisch. Andererseits glauben wir auch, dass die kritischen denkerischen Praktiken, die in diesem Buch behandelt werden, den philosophischen Überlegungen in Lehrbüchern über die Geschichte der europäischen Philosophie gleichwertig sind und daher den Namen »Philosophie« verdienen.[2]

Die Philosophie in Lateinamerika ist nicht nur geschichtlich relevant.

2 Auch der zweite Teil dieses Titels, das Wort »Lateinamerika«, kann infrage gestellt werden, da es ebenfalls ein vererbter Begriff ist. So gibt es AutorInnen, die von »*Nuestra-América*« (unserem-Amerika) und »*pensamiento nuestroamericano*« sprechen.

Ihre Entwicklung war ein vielschichtiger Prozess, der heute auch im Rahmen der Politik (z. B. Populismustheorien), der Theologie (Befreiungstheologie) und der Literaturwissenschaften (Post- und Dekolonialismus) von großer Bedeutung ist. Im Rahmen dieses Entwicklungsprozesses hat sich die Philosophie in Lateinamerika als ein Medium für den Dialog vielfältiger Perspektiven – von der abendländischen Philosophie zu den einheimischen Weltanschauungen bis hin zu ökologisch geprägten Denkweisen – konkretisiert (de Sousa Santos 2018). Deshalb erweist sich die Untersuchung der lateinamerikanischen Philosophie als eine gute Gelegenheit, die interkulturelle Positionierung des Denkens zu betrachten. Mit einem solchen Fokus grenzt sich unser Buch von der üblichen Literatur zur lateinamerikanischen Philosophie und zur Interkulturalität allgemein ab, indem hier die Philosophie in Lateinamerika als ein spezifisches, autonomes Denken betrachtet wird und nicht als eine bloße Subspezies des sogenannten »Global South«.

Außerdem besteht, obschon dem Thema Interkulturalität zunehmend Aufmerksamkeit gewidmet wird, ein starker Mangel an Materialien wie Handbüchern, Übersetzungen und sogenannten Arbeitsbüchern. Nicht europäische Traditionen wie die lateinamerikanische, afrikanische, chinesische und japanische Philosophie werden nur selten außerhalb der spezifischen Universitätsinstitute (Sinologie, Japanologie usw.) behandelt. Die Notwendigkeit philosophischer Vielfalt ist nicht nur eine ornamentale Forderung, sondern beruht auf der Tatsache, dass Kulturen auch epistemische Kulturen sind. Niels Weidtmann formuliert es prägnant:

> »Die Kulturen teilen sich die Wirklichkeit nicht untereinander auf, sondern die Wirklichkeit kommt in jeder einzelnen Kultur voll zur Entfaltung, wenn auch auf besondere Weise. Das heißt auch, dass in jeder Kultur alle anderen Kulturen auf diese Weise mit aufgenommen sind bzw. fortlaufend mit aufgenommen werden.« (Weidtmann 2016, 48)

Es ist daher falsch, dass die Rede von »kulturellen« Philosophien zu Relativismus führt. Jede Philosophie ist sowohl historisch als auch kulturell situiert, selbst der englische Empirismus, der deutsche Idealismus oder der französische Poststrukturalismus.

Nur schwer lässt sich aber eine integrative theoretische Auseinandersetzung mit der Kulturdifferenz erkennen. Es besteht vor allem ein Mangel an kritischen Auseinandersetzungen mit der lateinamerikanischen Philosophie.[3] Wenn diese als Thema der interkulturellen Forschung in Betracht gezogen wird, wird sie oft unter dem generischen Label vom »Global South« analysiert und nicht als selbstständige Denkrichtung. Dadurch wird ihr Spezifikum verfehlt, nämlich, dass die lateinamerikanische Philosophie in der Philosophiegeschichte an der Überwindung von Machtverhältnissen sowie an der Dezentralisierung des Subjekts orientiert ist. Dabei entstehen im lateinamerikanischen Kontext interessante Alternativen zum abendländischen Denken, welche zum gegenwärtigen philosophischen und politischen Diskurs beitragen können. Wenn wir unsere heutige Welt – die durch Migrationsphänomene, ethnische Konflikte und verschiedene Ausbeutungsformen geprägt ist – ausschließlich durch die Linsen der europäischen Philosophie analysieren, werden die Lösungen für die Globalprobleme nicht deutlicher.

Vom Standpunkt dieser Problemstellung definieren sich auch der Leitfaden und die Struktur des vorliegenden Buches: erstens, einen Einblick in die eigenartige Denkweise der lateinamerikanischen Philosophie auf Deutsch zu schaffen; zweitens, diese Philosophie auf den globalen Kontext zu beziehen, indem das gezeigt wird, was die lateinamerikanische Philosophie zu den aktuellen Debatten beitragen kann. Das Erreichen dieser Ziele erfordert eine methodologisch strenge Auffächerung der Fragestellung bezüglich der lateinamerikanischen Philosophie. Zunächst ist zu fragen, was unter latein-

3 Auf Deutsch lassen sich nennen: Fornet-Betancourt 1997; Fornet-Betancourt 2005; Krumpel 1992; Ley 2008; Montes de Sommer 2007.

amerikanischer Philosophie zu verstehen ist. Wie Gracia und Vargas (2018) oder Hurtado und Sanchez (2020) zu Recht anmerken, kann unter lateinamerikanischer Philosophie entweder eine geografisch spezifische oder eine begrifflich eigenartige Denkweise verstanden werden. In diesem Buch wird die lateinamerikanische Philosophie als beides betrachtet. Es wird genauer argumentiert, dass diese Philosophie, die sich im geografischen Raum von Lateinamerika entfaltet hat, folgende begriffliche Merkmale aufweist: 1) eine nicht individualistische Orientierung, die 2) eng mit der Umwelt verbunden ist und sich 3) im Dialog mit vielfältigen DenkerInnen und Gemeinschaften entwickelt hat.

Unser Buch ist in vier Hauptteile gegliedert. Im ersten Teil werden wir die Nahuatl-Philosophie untersuchen und ihren spekulativen und metaphysischen Inhalt hervorheben. Der zweite Teil konzentriert sich auf den mexikanischen Existenzialismus, eine Denkströmung, die zeigt, dass die lateinamerikanische Rezeption europäischer Ideen nicht nur passiv, sondern kreativ und im tiefsten Sinne des Wortes »philosophisch« war. Im dritten Teil werden wir über eines der hartnäckigsten Probleme der lateinamerikanischen Philosophie nachdenken: die Dualität (zwischen dem Indigenen und dem Europäer, der Zivilisation und der Barbarei, der Natur und dem Menschen usw.). Der vierte Teil schließlich gibt einen Überblick über einige der wichtigsten lateinamerikanischen Philosophinnen der letzten Jahre und ihre Überlegungen zum Feminismus.

Dieses Buch ist als Einführung gedacht. Für eine solche mussten wir eine große Anzahl von PhilosophInnen und Denktraditionen auslassen. Die deutschsprachige philosophische Literatur zur lateinamerikanischen Philosophie ist immer noch spärlich, und unser Hauptziel war es, nur einige wenige Ideen vorzustellen, um dazu beizutragen, dass diese Ideen an den Universitäten und in den Köpfen der Menschen Raum gewinnen. Wir sind uns jedoch der immensen Aufgabe bewusst, die vor uns liegt. Lateinamerika ist vielfältig. Churata nannte es »Polyamerica«, und es wäre unmöglich, diese

Vielfältigkeit auf ein Buch zu reduzieren. Aus Platzgründen mussten wir uns auf nur eine Handvoll Traditionen beschränken. Es gibt noch viel zu tun. Die afro-karibische Philosophie, die andinische Philosophie, die *Chicanx-Philosophie* sowie die Philosophien Zentralamerikas, Brasiliens usw. – es gibt so viele philosophische Traditionen, wie es Zeiten und Geografien gibt. Daher hoffen wir, dass dieses Buch in den LeserInnen den Wunsch weckt, diesen Weg auf eigene Faust weiterzugehen. »*Preguntando caminamos*« (Fragen stellend gehen wir).

DANKSAGUNG

Wir möchten uns zunächst bei der Dr. K. H. Eberle Stiftung für die Unterstützung bei der Erstellung dieses Buches bedanken. Wir hoffen, dass es einen wertvollen Beitrag zur Verbreitung des lateinamerikanischen Denkens im deutschsprachigen Raum leisten wird. Dazu möchten wir auch Herrn Dr. Michael Derntl herzlich für seine Unterstützung und die Beantwortung unserer Fragen während der Projektentwicklung danken. Wir danken auch dem College of Fellows – Center for Interdisciplianry and Intercultural Studies (CoF-CIIS) der Universität Tübingen und seinem Direktor, Herrn PD Dr. Niels Weidtmann, für die institutionelle und geistige Unterstützung. Bei Frau Dorothea Stiegler möchten wir uns herzlich für ihre außerordentliche Hilfsbereitschaft und Unterstützung in Bezug auf die Logistik bedanken. Wir danken Frau Prof. Dr. Estela Fernández Nadal dafür, dass wir ihren Text ins Deutsche übersetzen und in das Buch aufnehmen durften. Herr Frank Sommerkamp hat uns geholfen, indem er die Texte sorgfältig lektoriert hat. Ganz herzlich möchten wir dem Redaktionsteam von Tübingen University Press dafür danken, dass es uns während des Veröffentlichungsprozesses begleitet hat. Wir sind auch für die hilfreichen Kommentare dankbar, die im anonymen Gutachten des Manuskripts enthalten waren. Zuletzt möchten wir uns auch bei den Studierenden bedanken, die uns während unseres Seminars über Philosophie in Lateinamerika begleitet haben. Ihre Fragen und Reflexionen waren entscheidend für die Entwicklung dieses Projekts.

LITERATURVERZEICHNIS

Churata, Gamaliel (2017): *Textos Esenciales.* (ed: W. K. Luque). Tacna: Perro Calato Ediciones.

De Sousa Santos, Boaventura (2018): *Epistemologien des Südens. Gegen die Hegemonie des westlichen Denkens.* Münster: Unrast.

Fornet-Betancourt, Raúl (1997): *Lateinamerikanische Philosophie zwischen Inkulturation und Interkulturalität.* Frankfurt am Main: IKO – Verlag für Interkulturelle Kommunikation.

Fornet-Betancourt, Raúl (2005): *Lateinamerikanische Philosophie im Kontext der Weltphilosophie.* Nordhausen: Bautz.

Gracia, Jorge & Vargas, Manuel (2018): »Latin American Philosophy«. In: *The Stanford Encyclopedia of Philosophy* (Summer 2018 Edition), ed.: Edward N. Zalta, URL: https://plato.stanford.edu/archives/sum2018/entries/latin-american-philosophy/ [Zugriff: 14.06.2023, 12.30 Uhr].

Hurtado, Guillermo & Sanchez Jr., Robert Eli (2020): »Philosophy in Mexico«. In: *The Stanford Encyclopedia of Philosophy* (Winter 2020 Edition), ed.: Edward N. Zalta, URL: https://plato.stanford.edu/archives/win2020/entries/philosophy-mexico/ [Zugriff: 14.06.2023, 12.30 Uhr],

Krumpel, Heinz (1992): *Philosophie in Lateinamerika: Grundzüge ihrer Entwicklung.* Berlin: Akademie-Verlag.

Ley, Deborah (2008): *Die Rezeption europäischer Philosophie in Lateinamerika an ausgewählten Beispielen.* Magisterarbeit, Goethe Universität Frankfurt a. M.

Mignolo, Walter D. & Walsh, Catherine E. (2018): *On Decoloniality: Concepts, Analytics, Praxis.* Durham NC; London: Duke University Press.

Montes de Sommer, E. A. Marlene (2007): *Das Projekt lateinamerikanischen Denkens. Zum Verhältnis von Mythos und Rationalität.* Diss., Universität Kassel.

León-Portilla, Miguel (1987): *Pre-Columbian Literatures of Mexico.* Norman [u. a.]: University of Oklahoma Press.

León-Portilla, Miguel (1989): *Time and Reality in the Thought of the Maya.* Norman [u. a.]: University of Oklahoma Press.

León-Portilla, Miguel (1990): *Aztec Thought and Culture: A Study of the Ancient Nahuatl Mind.* Norman [u. a.]: University of Oklahoma Press.

Ramos, Samuel (1972): *Profile of Man and Culture in Mexico.* Austin, Texas: University of Texas Press.

Uranga, Emilio (1952): *Análisis del Ser del Mexicano.* Mexico: Porrúa y Obregón.

Weidtmann, Niels (2016): *Interkulturelle Philosophie: Aufgaben – Dimensionen – Wege.* Tübingen: Francke.

INDIGENES DENKEN: DIE NAHUATL-PHILOSOPHIE

FEDERICA GONZÁLEZ LUNA

Genauso wie der Begriff »Lateinamerika« problematisch ist, weil er eine heterogene Vielfalt von Kulturen bezeichnet, bringt es zahlreiche Probleme mit sich, von »indigener Philosophie« zu sprechen. Schon der Begriff der »Indigenität« ist problematisch. Das Wort stammt aus dem Lateinischen: *inde* (von dort) und *gignere* (erzeugen). Die Verbindung zwischen dem Lokalen und dem Exogenen führt zu einer Reihe von Dualismen, die das Indigene als Anderssein reproduzieren. Im Spanischen wurden auch andere Begriffe verwendet, wie *indios* (da Christoph Kolumbus bekanntlich hoffte, auf seiner Reise Indien zu erreichen) oder *aborígenes* (aus dem Lateinischen *ab origine*, also »von Anfang an«). Heutzutage wird in Ländern wie Argentinien der Begriff *pueblos originarios* verwendet. Alle diese Begriffe sind in gewisser Weise problematisch, weil sie die amerikanischen Völker »primitivisieren« und in einen Gegensatz zu den Europäern stellen, die weder »ursprünglich« noch »an das Land gebunden« sind.

Ein weiteres Problem ergibt sich, wenn man den Begriff »Philosophie« verwendet, um auf die Praktiken dieser Völker zu verweisen. In der Geschichte der afrikanischen Philosophie wurde beispielsweise der Begriff der »Ethnophilosophie« verwendet, um den intellektuellen Wert bestimmter kultureller Traditionen sichtbar zu machen, die nicht unbedingt in einem Textkorpus oder bei einzelnen Autorinnen und Autoren verankert sind. Ein Philosoph wie Henry Odera Oruka (1944–1995) sprach von »Weisheitsphilosophie« (*sage philosophy*, im Sinne von »Philosophie der Weisen«), um die Bedeutung der Individualität zu betonen, ohne die Mündlichkeit dieser Art von »Weisheit« abzutun. Aber schon die Grenze zwischen »Philosophie« und »Weisheit« ist komplex, und der Begriff »Weisheit der Weisen« scheint sich eher auf Ratschläge zu beziehen, die manchmal mystisch sind, und nicht auf systematisches kritisches Wissen.

Obwohl die Debatte über die Relevanz des Begriffs »indigene Philosophie« äußerst wichtig ist, wollen wir in diesem Kapitel taxonomische Fragen beiseitelassen, um uns auf das zu konzentrieren, was wir für den philosophischen Inhalt einer bestimmten Kultur, nämlich derjenigen der Nahuatl-Volksgruppe, halten, auch wenn sich terminologische Fragen nicht ganz vermeiden lassen. Wir laden die Leserinnen und Leser ein, die anderen Kulturen, die wir in diesem Buch nicht behandeln können, wie die Philosophie der Quechua, Aymara, Mapuche, Guarani usw., auf eigene Faust weiter zu erforschen.

Wie gesagt: Von Anfang an erscheint der Ausdruck »Nahuatl-Philosophie« als eine offene Frage, vor allem dann, wenn der Begriff *nahuatl* adjektivisch zu verstehen ist und dieses Denken nicht bloß als Philosophie angesprochen wird. Dies führt somit eine weitere und allgemeinere – oben angedeutete – Frage herbei, nämlich, ob die Philosophie »regionalisiert« werden kann, d. h., ob man von einer griechischen, einer deutschen, einer Nahuatl-Philosophie sprechen sollte, oder nur von Philosophie, abgesehen davon, welche Sprache sie spricht. Wir werden noch keine endgültige Antwort auf diese Frage geben, aber zu zeigen versuchen, inwiefern von Philosophie bei den Nahua die Rede sein kann.

Bekannter als *nahuatl* ist nun »aztekische Kultur«, jedoch stellt diese nur einen Teil der ganzen Nahuatl-Kultur dar. Die Azteken bildeten nämlich ein Reich. Sie kamen nach Tenochtitlán und kolonisierten allmählich andere Völker. Wir sprechen aber von Nahuatl-Philosophie, weil die philosophischen Gedanken nicht lediglich bei den Azteken zu finden sind, sondern auch bei anderen Völkern, wie den Tlaxcala, Chalco, Acolhuacán usw., die auch die Nahuatl-Sprache beherrschten. Die Nahuatl-Kultur erstreckte sich über das mexikanische Tal und seine Umgebung, und zwar zwischen dem 15. und 16. Jahrhundert. Die Nahuatl-Sprache war in dieser Zeit eine

Art Lingua franca, wie Miguel León-Portilla (1926–2019) schreibt.[1] Unter diesen Völkern befinden sich die Tlaxcaltecas, die Huexotizincas, Leute aus Texococo – woher der bekannteste Dichter Nezahualcóyotl kam – und auch die Leute aus Tlacopan.

Im Folgenden werden wir versuchen, die Hauptgedanken der Nahuatl-Kultur philosophisch zu präsentieren. Es ist jedoch erstaunlicherweise wenig Forschung zu dieser Thematik zu finden. Man kann zwar etliche Forschungen bei Anthropologen oder Historikern antreffen, doch befindet sich die Philosophie in Hinsicht auf das Nahuatl-Denken immer noch in einer sehr frühen Phase einer hoffentlich langen Karriere.

Das erstaunliche Unterfangen León-Portillas (León-Portilla 1993) bestand darin, die Weltanschauung einer großen mesoamerikanischen Kultur als Philosophie zu verstehen. Die Schwierigkeit lag in der eurozentrischen Beherrschung und der westlichen Inbesitznahme des Begriffs von Philosophie selbst, die alles Übrige unter Weltanschauung, Religion, Mythologie usw. einordnete. Wie bekannt, gibt es die vom Positivismus beeinflusste Vorstellung, dass Philosophie eine spätere, rationalere Phase der Entwicklung einer Kultur ist, während die Mythologie, wie u. a. bei den Griechen, als eine von der Philosophie überwundene denkgeschichtliche Phase gedeutet wird. León-Portilla bestreitet mit seinem monumentalen Werk *La filosofía náhuatl. Estudiada en sus fuentes* (»Nahuatl-Philosophie in ihren Quellen untersucht«) ebendiese Idee in der Hinsicht, dass es um ein Vorurteil gehe, nämlich darum, dass die Philosophie nur »europäisch« sei und alle anderen Kulturen diese Phase noch nicht erreicht hätten. Mit dieser Absicht versuchte er die schwierigen und alten Quellen sowohl auf Nahuatl als auch auf Spanisch nicht nur philologisch, sondern besonders aus einer philosophischen Perspektive auszulegen. Seine Verfahrensweise bestand in der direkten

1 Miguel León-Portilla war ein führender Gelehrter der mesoamerikanischen Kulturen und der Nahuatl-Philosophie und gilt als eine der einflussreichsten Persönlichkeiten in der Erforschung der indigenen Kulturen in Mexiko und darüber hinaus.

Übersetzung verschiedener Nahuatl-Quellen und deren Auslegung sowie in der Durchführung einer sprachlich-begrifflichen Analyse derselben auf der Suche nach dem philosophischen Sinn, der in einer nicht westlich-philosophischen Sprache verborgen blieb.

Demzufolge verfolgt León-Portilla in der »Weltanschauung« der Nahua das, was inmitten des »Mythischen« eigentlich nicht auf das Mythische eingeschränkt werden kann, sondern darüber hinaus nach einer philosophischen Bedeutung verlangt. Insofern könnte man behaupten, dass es streng genommen nicht lediglich von einer Weltanschauung handelt, als Bezeichnung für etwas, das dem Rational-Argumentativen der Philosophie nicht gewachsen ist.

Neben León-Portillas Werk findet sich nun auch ein weiteres, relativ neues philosophisches Werk, das sich hauptsächlich mit der Nahuatl-*Metaphysik* befasst, nämlich »Aztec Philosophy. Understanding a World in Motion« von James Maffie (Maffie 2014). Wie der Autor selbst erwähnt, verdankt er vor allem León-Portilla und López Austin sein Interesse an nicht westlichen Traditionen der Philosophie. Maffie zufolge ist es von Bedeutung, zuerst die Nahuatl-Metaphysik zu verstehen, um die Religion, die Politik, die Theologie usw. zu begreifen (vgl. Maffie 2014, 1).

Im Folgenden werden wir versuchen, die Hauptteile dieser Werke darzustellen, um einen allgemeinen Referenzrahmen des Nahuatl-Denkens bieten zu können.

PHILOSOPHISCHE KOSMOLOGIE

Wir versuchen den verborgenen oder latenten philosophischen Inhalt in der sogenannten Kosmologie der Nahua herauszuarbeiten, die jedoch, wie León-Portilla sagt, rational-philosophische Kategorien aufweist. León-Portilla zufolge sind fünf versteckte Kategorien in dieser Kosmologie zu finden, nämlich:

1. Logische Notwendigkeit einer Begründung des Kosmos
2. Die zeitliche Organisation in Weltaltern
3. Die Idee des Vorhandenseins von ursprünglichen Elementen
4. Räumliche Zuordnung des Kosmos nach Himmelsrichtungen
5. Der Begriff von Kampf als Grund der kosmischen Ereignisse (vgl. León-Portilla 1993, 112).

In den genannten Kategorien fällt auf, wie die Suche nach Begründung und Zuordnung des Kosmos als Beweis für ein philosophisches Unternehmen in dieser »Kosmologie« wahrzunehmen ist.

LOGISCHE NOTWENDIGKEIT EINER BEGRÜNDUNG DES KOSMOS

In Bezug auf die erste Kategorie spielt die Auffassung von der Wahrheit als Weltgrund die gewichtigste Rolle. Die alten Nahuatl-Weisen, die sogenannten *tlamatimine*, fragten nach einem »tragfähigen Boden«, worauf alles feststehen kann. Insofern ist das Feste und Tragfähige, worauf alles feststehen bzw. liegen kann, das, was als wahr gilt: *nelli*, d. h. gewurzelt *(nel-hua-yotl)*.

In der *Anales de Cuauhtitlán* findet, wie León-Portilla berichtet, Quetzalcoatl[2] die Antwort auf die Frage nach dem, was alles trägt:

> »Es wird berichtet/erzählt, dass Quetzalcoatl seinen Gott bzw. etwas, das innerhalb des Himmels verweilt, beschwor. Der/die mit dem sternvollen Rock, der/die alles beleuchtet. Frau unseres Fleisches; Herr unseres Fleisches. Die in Schwarz Bekleidete, der in Rot Bekleidete, die, die Boden für die Erde ist (die, die Erde zum Stehen

2 Im Folgenden wird klar, wer Quetzalcoatl war und welche Rolle er beim Nahuatl-Volk spielte.

> bringt), der, der die Erde mit Baumwolle überzieht. Dahin richtete er seine Stimmen, dorthin, zur Stätte der Dualität, so wusste man. Dort, wo sich die 9 Himmelsebenen befinden.«[3] (León-Portilla 1993, 90)

Wir werden nicht ausführlich genug alles deuten, dennoch werden wir versuchen, die wichtigsten Merkmale des Abschnitts zu erhellen, die bezüglich des Weltgrundes am bedeutungsvollsten sind.

Zunächst ist es wichtig zu erwähnen, wie alles »berichtet« wurde, nämlich über die »Calmecac«, die Hochschule des Nahuatl-Volkes, d. h. hauptsächlich durch eine mündliche Tradition. Der »Gott« nun, auf den man sich einmal als »er«, einmal als »sie« beruft, ist »Ometéotl«: Gott der Dualität, derjenige, der in der Stätte der Dualität verweilt.[4] Ometéotl lebt in der Stätte der Dualität, nämlich *Omeyocan*, die sich »jenseits der 9 Himmelsebenen« befindet. Der Gott/die Göttin wird namentlich als der sternvolle Rock *(Citlalinicue)* und als der/die, der/die alles beleuchtet *(Citlallantónac)*, bezeichnet in der Hinsicht seines/ihres doppelten Tuns: Nacht- und Tagerschaffende(r) (León-Portilla 1993, 91). Die zugehörige Dualität des Gottes wiederholt sich in jeder Zeile als maskulin/feminin, als Tag/Nacht, als Schwarz/Rot. Dualität sollte aber nicht etwas sein, das aus widersprüchlichen und sich ausschließenden Elementen besteht; diese Elemente sind eher als komplementär und immer miteinander verbunden zu begreifen.[5] Alle

3 »Y se refiere, se dice que Quetzalcoatl, invocaba, hacia su dios a algo (que estaba) en el interior del cielo. A la del faldellín de estrellas, al que hace lucir las cosas; Señora de nuestra carne. Señor de nuestra carne; la que está vestida de negro, el que está vestido de rojo; la que ofrece suelo (o sostiene en pie) a la tierra, el que la cubre de algodón. Y hacia allí dirigía sus voces, así se sabía, hacia el lugar de la Dualidad, el de los neuve travesaños con que consiste el Cielo […].«

4 Diese duale Figur spielte eine zentrale Rolle im Denken der Chicano-Philosophin Gloria Anzaldúa (1942–2004).

5 Diese Idee von komplementären Gegensätzen ist auch bei den Quechua zu finden.

zu findenden komplementären Elemente dieser in sich alles einschließenden heiligen Dualität – sei es Leben und Tod, Ordnung und Unordnung usw. – sind nicht als intrinsisch gut oder/und intrinsisch böse wahrzunehmen, sie sind immer in einem unendlichen gegenseitigen Spiel von Komplementierung begriffen. Dies impliziert ferner, dass es keinen Sieger gibt bzw. geben wird, der Kampf bzw. das Spiel geht ewig weiter. Selbst die westlichen Hauptmerkmale alles Seienden, d. h. Sein und Nichtsein, gehören dem Teotl (Gott) nicht absolut, er ist und ist aber auch nicht: »*Teotl* captures a *tertium quid* transcending these dichotomies by being simultaneously neither-alive-nor-dead-yet-both-alive-and-dead, simultaneously neither-orderly-nor-disorderly-yet-both-orderly-and-disorderly, etc.« (Maffie o. J.). In der Figur des Ometéotl ist die Antwort auf die Frage nach dem Grund enthalten, d. h. das, was die Erde trägt, ihr den Boden darbietet – in einer westlicheren Terminologie: das Wahre.

Ometéotl kennzeichnet weiterhin eine der Hauptfiguren in der Nahuatl-Kosmologie, aber auch in deren Metaphysik. Wie im nächsten Teil dieses Beitrags gezeigt wird, spielt Ometéotl quasi die Rolle des *Seins* der westlichen Metaphysik, dennoch mit ganz klaren Kontrastpunkten, die ihn eine besondere »Entität« werden lassen.

DIE ZEITLICHE ORGANISATION – WELTALTER

Die zeitliche Organisation dient dem Nahuatl-Denken, um die kosmischen Ereignisse zu begründen. Die Zeit ist in solare Zyklen gegliedert, und dem-

---

Die Welt ist nämlich bei den Quechua von gegenteiligen Kräfte konstituiert, die die Ordnung und Unordnung der Welt bezeichnen. Wenn diese Kräfte im Gleichgewicht zueinander stehen, gerät die Welt in einen harmonischen Zustand namens *pacha*. Wenn sie sich nicht ausbalancieren können, gerät die Welt in einen chaotischen Zustand, der aber kein Ende der Welt bezeichnet, sondern eher einen Übergang zu einer neuen Ordnung. Dieses Spiel der Kräfte bestimmt die Zeitlichkeit der Quechua (siehe Maffie 2010).

nach werden alle Zyklen auch nach der Sonne benannt. León-Portilla bezieht sich diesbezüglich auf ein Dokument aus dem Jahre 1558: die von Paso y Troncoso so genannte »Legende der Sonnen«.[66] Für das Interesse dieses Teils halten wir es nicht für notwendig, alle von León-Portilla zitierten Stellen wiederzugeben, sondern es genügt, einige Stellen daraus zu erwähnen, um eine allgemeine Idee von der Zeitlichkeit zu erhalten.

León-Portilla beruft sich auf diesen Text, weil er einer der ältesten der Art ist (1558), die mit dem präkolumbinischen sogenannten »Sonnenstein« *(piedra del sol)* übereinstimmt, und da er am ausführlichsten die solaren Zyklen charakterisiert (León-Portilla 1993, 101). Der Text beschreibt die Weltalter bis zum Jahr 1558 in fünf Zyklen mit verschiedener Dauer. Der Ausdruck für Weltalter *i-tlamamanca* bedeutet aber eher: das Ergebnis der Machenschaften, durch die die Erde ihren festen Boden erhält. Lehmann übersetzt demzufolge das Wort als »Gründungen der Weltalter« (Lehmann 1938, 322). Die erste Sonne (Sonne 4 Tiger)[7] begann vor 2.513 Jahren. In diesem Weltalter wurden die ersten menschlichen Seienden, *macehuales*, von Tigern, *ocelotes*, aufgefressen. Die zweite Sonne (Sonne 4 Wind) endete – worüber der Name schon Auskunft gibt – mit einem Windsturm. Die dritte Sonne (Sonne 4 Regen) endete nach der Erzählung *Historia de los mexicanos por sus pinturas* (»Geschichte der Mexikaner anhand ihrer Gemälde«)[8] mit einem Feuersturm, der alles vernichtete. Die nächste Sonne (Sonne 4 Wasser) wurde von so starkem Regen betroffen, dass der Himmel herabstürzte und alles zerstört wurde. Die Bedeutung der fünften Sonne liegt darin, dass

6 Siehe dazu León-Portilla (1993, Fn. 5 auf 101): León-Portilla referiert auf die Fassung von Walter Lehmann, die sowohl eine paläografische Fassung auf Nahutal als auch eine deutsche Übersetzung beinhaltet (Lehmann 1938).

7 Jede Sonne wird nach dem Agenten der jeweiligen Vernichtung genannt, in diesem Fall »Tiger«. Die Ziffer 4 bezieht sich auf den Tag, an dem der Kataklysmus stattfindet.

8 Siehe dazu León-Portilla (1993, 107) und Fray Andrés de Olmos (1891).

sie als die letzte Sonne dieser Weltalter erwähnt wird; sie entspricht also der »jetzigen« Zeit.[9] Die fünfte Sonne heißt »4 Bewegung«, da die Sonne sich fortbewegt; wenn sie zu Ende ginge, würde die Erde beben – ein Ereignis, das zum nächsten Kataklysmus führen würde.

Die Sonnen bestehen ferner aus verschiedenen Elementen: Sonne 1 aus Erde *(Nahui Océlotl)*, Sonne 2 aus Wind *(Nahui Ehécatl)*, Sonne 3 aus Feuer *(Nahui Quiáhuitl)* und Sonne 4 aus Wasser *(Nahui Atl)* (Florescano 1997, 57). Die Bedeutung der Präsenz der Elemente als die Substanz jeder Sonne liegt in der Nahuatl-Auffassung vom Rhythmus der verschiedenen Zyklen als eines bestehenden Kampfes von komplementären Gegensätzen, d. h. des Kampfes zwischen irdischen und himmlischen Göttern und Göttern der Unterwelt, nämlich Wind und Wasser. Wie López Austin zeigt, sind diese Gegensätze in sehr unterschiedlichen Dimensionen des Nahuatl-Denkens zu finden, z. B. in der Medizin. Jedoch entsprechen sie nicht den westlichen traditionellen Gegensätzen, wie sie etwa bei dem hippokratischen medizinischen System der Humores zu finden sind (López Austin 2019, 155–165).

Die Tragweite der fünften Sonne[10] liegt ferner darin, dass dadurch die Idee der Bewegung in der kosmischen Auslegung der Nahuatl-Welt zur Geltung kam. Im Kontrast zur westlich-christlichen Konzeption der Schöpfung ist nicht der Mensch die Krone der kreierten Welt, sondern die Sonne[11] und somit die Bewegung. Die Schöpfung der Sonne ergibt sich aus der Selbstopferung einer Gottheit, nämlich Nanahuatzin. Eigentlich sollte aber er kein Opfer sein, sondern Tecuciztécatl, ein reicher, stolzer Gott, der sich selbst ins Feuer werfen sollte. Doch nach vier Versuchen wagte er es nicht, während

---

9 Für eine ausführlichere Darstellung der Weltalter siehe León-Portilla (1993, 98–112).

10 Die fünfte Sonne befindet sich im Zentrum des sogenannten *piedra del sol*, wo die zentrale Figur eben eine Sonne ist.

11 Wie Florescano (1997, 60) schreibt, findet sich die Sonne als »Hauptkreatur« auch im Mythos »Popol Vuh«.

Nanahuatzin sich selbst als Erster hinwarf. Nanahuatzin stellt eine eher ärmliche und verwundete Gottheit dar, die aber mutig sich selbst für die Entstehung der Sonne opfert. Nach seiner Opferung folgte ihm Tecuciztécatl und wurde zum Mond. Dahinter steckt eine politische Bedeutung, indem die Geschichte auf die Auseinandersetzung zwischen den zuerst aus dem Norden gekommenen Völkern und den im mexikanischen Becken (Zentrum) sesshaften Menschen verweist. Die Darstellung beider Gottheiten kündet von ebendieser Opposition: Nanahuatzin, die erst Gekommenen, und Tecuciztécatl, die schon Herrschenden. Es wiederholt sich demnach der Topos eines Kampfes zwischen komplementären Gegensätzen in diesem Mythos, jedoch nicht zwischen elementaren Kräften, sondern zwischen Gottheiten bzw. Völkern mit gegensätzlichen Merkmalen.

Im Unterschied zu den vorherigen Sonnen, die eher mit der Unterwelt und der Fruchtbarkeit in Verbindung standen, weist nun die fünfte Sonne auf eine Ursache, auf den Grund der Fruchtbarkeit und die Fortsetzung des Kosmos. Mit der fünften Sonne beginnt auch die »neue« Menschheit zu existieren, dadurch, dass Quetzalcoatl[12] in die Unterwelt abstieg, um die Knochen der Menschen zu retten und daraus die Menschen neu zu bilden, nämlich die sogenannten *teotihuacanos*, die Bewohner des neuen Reichtums von Teotihuacán.[13] Demzufolge behauptet Florescano (1997, 62): »In der

12 Wie wir bei der Abhandlung zur räumlichen Organisation der Welt lernen werden, hatte Ometéotl vier göttliche Kinder, darunter Quetzalcoatl. Er wird vom Nahuatl-Volk als ein Wohltäter der Menschheit angesehen, da er in den Mictlan (das Totenreich) einstieg, um aus Knochen die Menschen zu entwerfen. Außerdem ist er der Überbringer des Maises, der Hauptnahrung des Nahuatl-Volkes.

13 Sowohl Florescano als auch David Stuart (»Kings of Stone«) behaupten, dass es hier um die *teotihuacanos* geht und nicht um die Bewohner von Tula, Hidalgo. Die Konfusion entstand aus der Erwähnung von »Tulán« oder »Tollán«, die aber mit »Teotihuacán« übereinstimmt. Siehe Florescano (1997, 61) sowie Read (1998, 5): »The Mexica-Tenochca (ca. 1350–1521) first entered the Valley of Mexico some six or seven centuries after Teotihuacan's decline and disappearance. They were the final great power to influence Mesoamerica before the Spanish.«

mythisch-kosmogonischen mittelamerikanischen Tradition war Tuán-Teotihuacán die Ursprungsstätte der gegenwärtigen Weltalter, nämlich die Stätte, wo die ersten Menschen und die Zeit entsprangen.«[14] Bis zur Entstehung des Azteken- bzw. Mexicas-Reiches in Tenochtitlán, wo heutzutage Mexiko-Stadt liegt, gibt es aber zahlreiche Erzählungen, die hauptsächlich von einem Kampf zwischen dem friedlichen Quetzalcoatl und dem kämpferischen Tezcatlipoca handeln (Sahagún 1938, 210–216). Die Mexicas oder Azteken wanderten von Aztlan aus, bis sie 1325 in Tenochtitlán sesshaft wurden. Wichtig zu erwähnen ist, dass das von Huitzilopochtli[15] vorhergesehene Zeichen für die Entscheidung für die neue Ansiedlung ein Adler war, der auf einem Feigenkaktus eine Schlange frisst.

Die Bindung zwischen den Azteken und der fünften Sonne ist von großer Bedeutung in der Hinsicht, dass die Azteken sich als das von Gott auserwählte Volk für die Aufrechterhaltung dieses Zyklus wahrnahmen. Dem Mythos zufolge sollten diese Weltalter mit einem Erdbeben vernichtet werden, doch meinten die Mexicas die Dauer dieses Weltalters zu verlängern, indem sie die Sonne mit Opfern bzw. Opfergaben versorgten. Dies erklärt das blutige und imperialistische Herrschen der Azteken über die anderen Völker, als sie durch Kriege Opfer erlangten, um sie der Sonne hinzugeben. Aus diesem Grund nennt Alfonso Caso die Azteken »das Volk der Sonne« *(el pueblo del sol)*. Caso referiert ferner, dass die fünfte Sonne einen ständigen Krieg gegen den Mond und die Sterne führte und dass die Menschen ihr mit Opfern helfen sollten:

> »Jeder von den Azteken festgenommene Gefangene vertritt einen Stern, den es der Sonne zu opfern gilt. Damit die Sonne aus der ma-

14 Im Original: »En la tradición mítica y cosmogónica de Mesoamérica, Tuán-Teotihuacán fue la ciudad donde se originó la presente era del mundo, el lugar donde nacieron los primeros seres humanos y comenzó el tiempo.«

15 Der göttliche Schutzpatron der Mexicas.

> gischen Substanz des Lebens speisen kann und um sie im göttlichen Krieg zu stärken. Somit vertritt der zu opfernde Sternmensch weiß bemalt und mit einer schwarzen Augenmaske versehen, d. h. als ein Zeichen für die besternte Nacht, die Verstärkung der Sonne durch sein Leben.« (Caso 2018, 120)[16]

Trotz der menschlichen Anstrengung, diesen Zyklus zu bewahren, lauert ein unschlagbarer Pessimismus[17] (Caso 2018, 123) unter den Azteken aufgrund dessen, dass früh oder spät die fünfte Sonne immerhin durch die Erdbeben und Erschütterungen verblassen wird.

RÄUMLICHE ORGANISATION

Die räumliche Organisation des Nahuatl-Kosmos wird nun durch die Himmelsrichtungen bestimmt, die aus der Selbstaufspaltung Ometéotls in vier unterschiedliche Gottheiten entstanden.[18] Die Erzählung findet sich in der

16 Im Original: »Cada prisionero que toma el azteca es una estrella que debe ser sacrificada al Sol, para alimentarlo con la sustancia mágica que representa la vida, y para fortalecerlo en el divino combate; y el hombre-estrella que es sacrificado, pintado de blanco el cuerpo y con un antifaz negro, que significa la noche estrellada, irá a reforzar con su vida la vida del Sol.«

17 »Sólo venimos a dormir/ sólo venimos a soñar,/ no es verdad, no es verdad/ que venimos a vivir en la tierra.// En hierba de primavera nos convertimos;/ llegan a reverdecer,/ llegan a abrir sus corolas nuestros corazones;/pero nuestro cuerpo es como un rosal;/de algunas flores y se seca.« (Um zu schlummern, kommen wir hierher,/ um zu träumen,/ es ist nicht wahr, es ist nicht wahr,/ dass wir gekommen sind, die Erde zu bewohnen.// Frühlingsgras werden wir;/ unsere Herzen werden blühen, ihre Blütenkrone erschließen,/ dennoch ist unser Leib ein Rosenstock;/ mit kaum einer Rose, die doch verwelkt.)

18 Obwohl die Vervielfältigung Ometéotls den Anschein eines polytheistischen Denkens gibt, sollten diese aus Ometéotl selbst entstandenen Gottheiten als Aspekte desselben wahrgenommen werden. Andererseits ist der Antagonismus zwischen Polytheismus und Monotheismus León-Portilla zufolge eine Sache der Perspekti-

Historia de los Mexicanos por sus pinturas, die die Quelle León-Portillas ist, um den Nahuatl-Begriff des Raumes zu verstehen.

Obwohl die Erzählung (León-Portilla 1993, 95) damit beginnt, dass ein Gott und eine Göttin vier Kinder zeugten, geht es um eine Verdopplung von Ometéotl ins Männliche und Weibliche, die somit als »Aufspaltung« aufgefasst werden kann. Jeder Gottheit gehört eine Farbe, d. h. eine Himmelsrichtung, die die Symbolik für die verschiedenen elementaren Kräfte bildet, die immerfort gegeneinander kämpfen. Die vier Gottheiten sind nämlich: Tezcatlipoca, rot = Osten; der schwarze Tezcatlipoca, Gott der Nacht und der Todeswelt, ist der Norden; Quetzalcóatl, der auch auf Nacht und dazu auf Wind verweist, ist der Westen und auch mit Leben und Fruchtbarkeit verbunden, nämlich der Region der Fruchtbarkeit, und der blaue Tezcatlipoca ist der Süden (León-Portilla 1993, 97).[19]

Es ist weiterhin von Bedeutung, zu erwähnen, dass sowohl nach León-Portilla als auch nach Maffie die Zeit- und Raum-Begriffe nicht als fixe Punkte bzw. Regionen bzw. Perioden aufzufassen sind. In Bezug auf den Raum geht es eher um dynamische Kräfte, die, wie erwähnt, einen anhaltenden Krieg gegeneinander führen, die ferner die Bewegung und das Leben des Kosmos gewährleisten. »Die vier Kinder Ometéotls betreten die Welt, den Raum und die Zeit, jedoch nicht als ein leeres Szenario oder als bloße Koordinaten, sondern als dynamische Bestandteile, die ineinander verfloch-

ve. Polytheismus war ein Glaube des Volkes, während Monotheismus bzw. eine monotheistische Tendenz die Position der Priester war.

19 In der Erzählung ist aber nicht die genaue Entsprechung der Gottheiten und der Elemente zu finden. Eine weitere Schwierigkeit liegt darin, dass in der Erzählung und auch in anderen Erzählungen andere Namen für jede Gottheit verwendet werden. Diese Pluralität von Götternamen ist ein allgegenwärtiges Merkmal der Nahuatl-Mythen.

ten und verschlungen sind, um eben das kosmische Schauspiel zu lenken«[20] (León-Portilla 1993, 95).

PRÄSENZ DER ELEMENTAREN KRÄFTE UND KAMPF ALS BEWEGER DES UNIVERSUMS

Diese zwei von León-Portilla genannten Kategorien, d. h. elementare Kräfte und deren Kampf, durchdringen nun die anderen, schon angegebenen Kategorien. Wie wir in der Auffassung von den Weltaltern und der Räumlichkeit bei den Nahua lernten, spielen die elementaren Kräfte eine wesentliche Rolle. Sowohl die aufeinanderfolgenden Sonnen als auch die Weltrichtungen – die von León-Portilla so genannten *rumbos del mundo* (»Richtungen der Welt«) – entsprechen den Elementen, die ferner mit positiven und negativen Bedeutungen geladen sind. In der Hinsicht, dass die Zeitlichkeit des Kosmos durch aufeinanderfolgende Kataklysmen und die Weltrichtungen aus dynamisch göttlichen Kräften strukturiert ist, folgt daraus, dass sowohl die Zeitlichkeit als auch die Räumlichkeit Feldzüge und keine festen, homogenen Kategorien sind, sondern göttliche und lebendige Kräfte.

Gonzalez zufolge scheint die kriegerische Interpretation sowohl von León-Portilla als auch von Caso von einer Hegel'schen Dialektik geprägt zu sein, nämlich in der Hinsicht, dass es ein ständiger Kampf des Konträren ist, der die Geschichte in Bewegung setzt (González 2017, 101). Die berichtete Sonnenlegende scheint ebenfalls eine Art kämpferisch sich entwickelnde kosmische Geschichte zu sein. Das Verständnis der Weltrichtungen und selbst der Dualität Ometéotls legen weiterhin diese Auslegung nahe. Selbst

20 Im Original: »Porque, con los cuatro hijos de Ometéotl entrán de lleno en el mundo, el espacio y el tiempo, concebidos no como un escenario vacío –unas meras coordenadas – sino como factores dinámicos, que se entrelazan y se implican para regir el acaecer cósmico.«

die Interpretation Maffies (Maffie 2014) setzt diese Auslegungstradition fort, nämlich die Nahuatl-Philosophie als ein Denken zu verstehen, das den Kosmos als einen Feldzug und einen Kampf auslegt. Darüber werden wir im nächsten Teil ausführlicher sprechen.

Ferner macht sich León-Portilla diese Auslegung zunutze, indem er auf diese Weise eine »rationalere« bzw. »philosophischere« Erläuterung des kosmischen Geschehens den Nahua zuschreibt. Diese ineinander verflochtenen und in allen übrigen Kategorien präsenten Faktoren werden daher von León-Portilla als philosophische Kategorien verstanden in der Hinsicht, dass sie erstens auf die Präsenz von philosophischen Fragen nach Ursprung, nach Ordnung und nach Abfolge hinweisen, und zweitens, weil sie auch den Versuch einer Antwort auf diese Fragen darstellen. Wenn es auch scheint, dass der »sprachliche Gebrauch« oder die »Terminologie« nicht dem westlichen *Standard* entsprechen, beweist doch León-Portilla durch die von ihm enthüllten Kategorien eben das Gegenteil: Es gibt namentlich eine Nahuatl-Philosophie.

METAPHYSIK

Um uns dem Verständnis der Nahuatl-Metaphysik anzunähern, werden wir uns bei unserer Darstellung hauptsächlich auf die ausführliche und neuartige Analyse von James Maffie (Maffie 2014) berufen. Erstens, weil sie einer der ersten systematischen Versuche ist, das Denken der Nahua als Metaphysik zu verstehen, zweitens, weil dieses Denken mit der bekannteren westlichen Metaphysik ständig kontrastiert wird, was das Verständnis der Nahuatl-Philosophie erleichtert.

TEOTL: KALEIDOSKOPISCHE REALITÄT

Wie schon erwähnt, steht Teotl bzw. Ometéotl für die Hauptkategorie, um die Nahuatl-Auffassung der Realität darzustellen. Sowohl León-Portilla als auch Maffie stimmen darin überein.[21] Teotl ist die Hauptkategorie, da er/sie alles ist bzw. nichts etwas anderes ist als Teotl: »It is completely coextensive with created reality and cosmos« (Maffie 2014, 23). Aus diesem Grund wird die Nahuatl-Metaphysik von Maffie als monistisch kennzeichnet. Jedoch ist dieser Monismus[22] nicht statisch wie etwa Parmenides' Monismus, sondern eher dynamisch und selbstschaffend. Die Pluralität der Wesen ist als Momente oder Aspekte von Teotl verstanden. Insofern behauptet Maffie, dass der Nahuatl-Monismus durch zwei Hauptmerkmale gekennzeichnet ist, nämlich, 1. All das, was ist, ist numerisch identisch, und 2. Der Monismus ist »konstituierend« (»constitutional monism«), insofern er als eine alles durchdringende *Energie* den »Stoff« und Ursprung von allem ausmacht (Maffie 2014, 22). Die Art und Weise, in der Teotl alles ist bzw. wird, ist nicht bloß als eine Art persönlicher christlicher Gott zu verstehen, sondern als eine unpersönliche, nicht agentielle Energie, die ständig in einer Selbstentfaltung zu allem, was ist, wird. Aus diesem Grund kann man nicht behaupten, dass die Nahua an eine *creatio ex nihilo* glaubten; alles war, ist und wird immer in dieser zyklischen, sich selbst entwickelnden Potenz von Teotl. Ein weiteres Hauptmerkmal der Selbstentfaltung Teotls liegt darin, dass sie zyklisch ist: Sie besteht nicht in einer teleologischen oder eschatologischen Bewegung in Richtung eines Endes, Schicksals oder Ziels. Dies unterscheidet von Grund auf das Nahuatl-Denken von der klassischen westlichen Auf-

21 Siehe Maffie (2014, 21–31) und León-Portilla (1994).

22 Es kommt aber sofort in den Sinn, dass die Nahua eine polytheistische Kultur waren, was einen krassen Widerspruch zu Maffies vermeintlichem Monismus darstellt. Wie Read (1998, 206, 271) behauptet, geht es um einen »polytheistischen Monismus«, nämlich einen solchen, der unterschiedliche Gottheiten enthält, die aber nur Aspekte von Teotl selbst darstellen. Wenn man jedoch in Betracht zieht, dass der Nahuatl-Monismus dynamisch und selbstschaffend ist, scheint es unnötig, von einem »polytheistischen Monismus« zu sprechen. Insofern ist der Beitrag Maffies bezüglich der Metaphysik der Nahua so weitreichend, dass er diese scheinbaren Widersprüche vermeidet.

fassung der geschichtlichen Richtung und Schickung, wie in der Teleologie bei Aristoteles oder der Eschatologie in der christlichen Interpretation des Lebens. Die zyklische Auffassung des Zeit-Raums verleiht ferner dem Nahuatl-Denken eine pessimistische bzw. sterile Färbung, wie Caso bestätigt:

> »Als die Eroberung sie überraschte, waren die Azteken ein raues Volk, das noch nicht die kulturelle Raffinesse der Mayas, der Tolteken, der Totonaken oder der Mixteken erreicht hatte; sie standen in voller Blüte, aber die alten indigenen Kulturen, die verschwunden waren, sind ein beredtes Zeichen für die Sterilität, die diese großen Zivilisationen schließlich erreichte, weil es ihnen an einem ständig fortschreitenden Ideal fehlte, das sie das Leben als etwas anderes begreifen ließ als die unveränderliche und peinliche Wiederholung von Zeremonien zu Ehren der Götter.« (Caso 2018, 124)[23]

Es scheint dennoch, dass Caso einerseits die zyklische Auffassung der Welt für das Verschwinden dieser Zivilisationen verantwortlich macht, und andererseits, als ob er den unaufhörlichen westlichen Fortschritt stillschweigend lobpreist. Abgesehen davon zeigt sich aber dadurch der tiefreichende Unterschied zwischen dem Nahuatl-Denken und dem westlichen Denken und somit die intime Bindung von Metaphysik und Geschichte, die bei ihnen zum Vorschein kommt. Während Fortschritt in Casos Lesart sich als eine Art Überrest von Teleologie interpretieren lässt, weist das kontinuierliche

23 Im Original: »Cuando los sorprendió la Conquista, los aztecas eran un pueblo rudo que no había alcanzado todavía el refinamiento cultural de los mayas, los toltecas, los totonacas o los mixtecas; estaban en plena época de florecimiento, pero las viejas culturas indígenas que habían desaparecido son una muestra elocuente de la esterilidad que alcanzaba al fin a esas grandes civilizaciones, por la falta de un ideal constantemente progresivo, que las hiciera concebir la vida como algo diferente a la repetición, invariable y minuciosa, de las ceremonias para honrar a los dioses.«

Verschwinden der amerindischen Zivilisationen auf ein zyklisches Denken hin. Unserer Meinung nach lässt sich diese Bindung nicht so einfach verstehen, doch ist dies eine Diskussion für einen anderen Moment.

In einer metaphilosophischen Geste fragt sich Maffie, welche Art Metaphysik das Nahuatl-Denken am besten darstellt, und er kommt zu der Antwort, dass es nicht um eine Seinsmetaphysik geht, sondern um eine Metaphysik des Werdens (vgl. Maffie 2014, 25). Wie schon früher erwähnt, lässt sich Teotl weder auf das Sein noch auf das Nichtsein zurückführen; es ist also kein Entweder-oder, sondern sowohl ein Entweder-oder als auch ein Weder-noch.[2424] Diese »Ambiguität« Teotls lässt sich deswegen in einer Metaphysik des Werdens besser auffassen. Obwohl es eine Metaphysik gibt, ist die wesentliche Frage dieser eigenartigen Metaphysik nicht die nach dem Sein, sondern nach dem Werden, da nichts ist bzw. alles nicht ist, sondern alles *wird*. Zugleich ist dieses Werden, insofern es um eine monistische Realität geht, als ausschließlich das Werden von Teotl wahrzunehmen. Daher nennt Maffie (in einer quasi Heidegger'schen Weise) die Leistung Teotls ein »teotlizing« (Maffie 2014, 25). Daraus folgt nun, dass es auch um keine Metaphysik geht, die dem Teotl eine Art »Wesen« oder »Substanz« zuschreibt;

24 Erstaunlicherweise lässt sich diese Interpretation von Maffie in Bezug auf Teotl mit einer aristotelischen Beschreibung der Dynamis (des Vermögens) in der Metaphysik vergleichen. Trotz Maffies Insistieren auf der dynamischen Qualität Teotls merkt er nicht, wie nahe diese doch der aristotelischen Auffassung der Dynamis liegt. In Met. 1051a behauptet Aristoteles bezüglich des Begriffs der Dynamis: »Das Vermögen also zu dem Entgegengesetzten ist zugleich vorhanden, das Entgegengesetzte selbst aber findet unmöglich zugleich statt. So können auch die entgegengesetzten wirklichen Tätigkeiten unmöglich zugleich stattfinden, z. B.: gesund sein und krank sein. Also muss notwendig die eine von diesen das Gute sein, bei dem Vermögen aber kommt das Gute gleicherweise beiden oder keinem von beiden zu.« Dass es bei Aristoteles eine doppelte Ausgestaltung der Realität, nämlich dynamisch und wirklich (Dynamis und Energeia) gibt, ist ein Gedanke, der nicht beim Nahuatl-Volk zu finden ist. Ferner ist bei ihm jede dualistische Auffassung auszuschließen, was wir noch weiter ausführen werden.

Teotl besteht nämlich vielmehr in seinem Tun. Deshalb behauptet Maffie, dass es dabei um eine Umkehrung des westlichen metaphysischen Prinzips von *operari sequitur esse* in *esse sequitur operari* (vgl. ebd., 26) gehe.

Die ambigue Natur Teotls widerspricht überdies der traditionellen, nämlich platonisch-aristotelischen Auffassung des Wirklichen, in der Hinsicht, dass das, was ist, nicht als ungemischt und rein zu begreifen ist, sondern als das genaue Gegenteil, nämlich ein Mitsein von Sein und Nichtsein, von Männlichem und Weiblichem, von lebendig und tot, von trocken und nass (vgl. ebd., 27). Es liegt eher in der Natur des menschlichen Verstandes, dass diese Gegensätze als Gegensätze wahrgenommen werden, obwohl sie an sich keine Gegensätze sind. Interessanterweise ist Maffie zufolge diese Ambiguität auch in der vom Westen so genannten moralischen Frage präsent (vgl. ebd., 23 und 27). Obwohl diese Frage als solche nicht so explizit auftritt, ist abzuleiten, dass Teotl »amoral« ist in der Hinsicht, dass er keine Person oder kein moralischer Agent/Akteur ist, d. h., »er hat keine moralischen Eigenschaften« (ebd., 23). Dies weist auf eine moralische Ambiguität hin, die mit der metaphysischen in Übereinstimmung steht. López Austin äußert sich diesbezüglich wie folgt: »Es scheint von Bedarf zu sein, zu erklären, dass unter den mittelamerikanischen Religionen die Entgegensetzung von Gut und Böse nicht unter den anderen üblichen Gegensätzen zu finden ist, wie es doch bei anderen Weltreligionen der Fall ist.« (López Austin 2016, 27).[2525] Teotl ist demgemäß eine sowohl kreative als auch destruktive Kraft, die alles in Bewegung setzt, ähnlich wie bei den Quechua die allumschließende Lebenskraft ein kontinuierliches Spiel von gegenseitigen Kräften ist.

Man kann nun aus der monistischen Auffassung der Nahuatl-Metaphysik schlussfolgern, dass es keinen Platz für irgendeine Art von Dualismus gibt. Dementsprechend gibt es keine dualistische Unterscheidung zwischen

25 Im Original: »Es necesario aclarar que en la antigüedad mesoamericana no se contaba entre estas oposiciones la del bien y el mal, que es tan característica en otras religiones del mundo.«

res cogitans und *res extensa*. Nichtsdestotrotz sind die Menschen, wie sowohl León-Portilla als auch Maffie erwähnen, nicht imstande, Teotl völlig zu begreifen. Jedoch ergibt sich aus diesem Versagen keine metaphysische Aufteilung der Realität in ein wirkliches und ein illusorisches bzw. scheinbares Reich, wie es hauptsächlich bei Platon zu finden ist. Da Teotl nicht jenseits der Welt verweilt, sondern eins und dasselbe mit dieser und daher *immanent* ist, gibt es konsequenterweise keine Verdopplung der Realität, bei der Teotl die Wirklichkeit darstellte und die Pluralität eine Illusion sei. Das menschliche Versagen, Teotl gänzlich zu begreifen, lässt sich eher als eine epistemologische Unterscheidung auffassen. In diesen Termini äußert sich nämlich Maffie:

> »While Aztec tlamatinime[2626] did claim that certain aspects of teotl are *imperceptible to* and so *hidden from* humans under ordinary perceptual conditions, and accordingly made an *epistemological* distinction between different aspects of teotl, this does not mean that Aztec tlamatinime drew a principled metaphysical distinction between perceptible and imperceptible aspects of teotl or that they believed that the imperceptible aspects were ›supernatural‹ because they consisted of a different kind of stuff.« (Maffie 2014, 29; Hervorhebungen im Original)

Ferner ist es von Belang, darauf aufmerksam zu machen, dass die bis jetzt dargestellte Metaphysik nicht in theistischer Weise wahrzunehmen ist. Die theistische Übersetzung von Teotl als Gott stammt, wie Maffie (ebd., 31) anmerkt, aus der spanischen Tradition, diese Welt mit der eigenen in Übereinstimmung zu bringen, woraus ein Missverständnis von Teotl entstanden

26 Wenn wir uns mit der Nahuatl-Anthropologie befassen, werden wir erklären, was die Rolle der *tlamatimine* war. Kurz gesagt, stehen sie für die westlichen Philosophen.

ist. Hvidfeldt zufolge wird Teotl besser mit »heilig« oder sogar »rituell« übersetzt und verstanden. Er vergleicht Teotl mit dem polynesischen Begriff von mana oder einer mana-ähnlichen Energie (Hvidtfeldt 1958, 77–78). Doch sowohl Maffie als auch Townsend verneinen diesen Vergleich, indem *mana* als eine übernatürliche Macht zu verstehen ist, während Teotl gar nicht mit dem Übernatürlichen zu tun hat, was weiterhin dem Kern der Nahuatl-Metaphysik widersprechen würde, nämlich der Unmöglichkeit einer dualistischen Auffassung der Realität (Maffie 2014, 32; Townsend 1992, 115–116).

Obwohl davon ausgegangen wurde, dass Teotl eins mit der Realität ist und es somit um einen Monismus geht, widerspricht dies nicht dem zweifachen Aspekt Teotls, von dem wir anfänglich gesprochen haben. Anders gesagt, ist die Zweifachheit Teotls nicht mit einem Dualismus gleichzusetzen. Interessanterweise liegt im Stammwort *ome* die Bedeutung »zwei« oder »zweifach«, und es ist in dieser Hinsicht deutlich, dass Ometéotl eine Redeweise darstellt, um sich auf dasselbe Phänomen zu beziehen. Dementsprechend nennt Maffie Ometéotl »two sacred energy« oder »two sacred power« (Maffie 2014, 169) und somit die Nahuatl-Metaphysik »dual aspect monism« (ebd., 170). Wie schon erwähnt, entsteht, ereignet sich und vergeht alles durch einen ständigen Kampf von komplementären Gegensätzen, die sich in Ometéotl befinden. Dadurch lässt sich auch die dynamische Eigenschaft dieses eigenartigen Monismus erklären, nämlich, dass er keinem statischen parmenideischen Monismus entspricht. Maffie nennt diese kreativ-destruktive Bewegung *und* Selbstentfaltung Teotls »the unifying struggle of inamic pairs« (ebd., 172).

Maffie entnimmt diese komplexe Begrifflichkeit der *inámico* von López Austin (vgl. López Austin 2019, 144–155), der seinerseits diesen Begriff aus dem Nahuatl nimmt:

> »The word *inamic* combines the singular possessive *i-* (›its, his, her‹) with the verb *namiqui* and the locative suffixe *-c* (›on, in, among‹).

> Molina lists two separate entries for *namiqui*: ›*salir a recibir al que viene, o encontrar con alguno, o contender con otros*‹ (›to go out to receive someone who is coming, to encounter something, to quarrel with others‹), and ›*incurrir en pena puesta por la ley*‹ (›to incur a punishment under the law‹).« (Maffie 2014, 144)

Nachdem Maffie eine ausführliche Analyse der auf *namiqui* basierenden Wörter durchgeführt hat, schlussfolgert er:

> »In sum, *namiqui*-based words suggest bringing things together, putting things against or next to one another, and aligning, arranging, matching, fitting, or evening up things vis-à-vis one another: face to face, eye to eye, spoken word to spoken word, song to song, lips to lips, side by side, or top to bottom.« (Maffie 2014, 145–146; Hervorhebungen im Original)

OMETÉOTL UND NEPANTLA

Bei Maffie findet sich eine sehr gewagte Auslegung zweier Hauptbegriffe der Nahuatl-Philosophie, nämlich Ometéotl und *nepantla*. Maffie zufolge »Ometeotl et al. are identical with teotl. Like Ometeotl, teotl is therefore a single, all-encompassing, grand nepantla-process« (ebd., 370). Wie schon erklärt, geht es bei den Nahua um einen dynamischen Monismus, worin Teotl alles war, ist und wird. Mit dem Begriff von *nepantla* versucht namentlich Maffie, die Prozesse bzw. die Dynamik des Kosmos zu erläutern.

Eine Hauptmetapher, die mehrmals bei den Nahua auffällt, stellt den Kosmos als einen webenden Prozess dar. Weben war ja eine typische Tätigkeit der Nahuatl-Kultur, die aber zugleich für die Erklärung der Dynamik der Welt zentral war. Es ist kein Wunder, dass diese Art der Tätigkeit zu einer Hauptmetapher wurde, in der Hinsicht, dass alles aus einer Art kontinuierlicher Verflechtung von inamischen Paaren besteht. Dennoch besteht die Frage, was eigentlich Maffie mit »Hauptmetapher« meint. Er nennt nämlich diese Art der Metapher »root metaphor«, in Anlehnung an Stephen Pepper.[2727] Die Nahuatl-Metaphysik ist, nicht nur Maffie zufolge, sondern, wie er selbst erwähnt, auch nach den Interpretationen vieler Nahuatl-Forscher, auf dem Weben als »root metaphor« gegründet.[2828]

Um den von Maffie so genannten *nepantla*-Prozess zu verstehen, scheint es zunächst von Belang zu sein, herauszuarbeiten, welche Rolle das Weben im metaphysischen Verständnis des Werdens spielt. Die Nahua begriffen nun Teotl als einen Künstler und demnach als einen Weber; Teotl aber ist sowohl der Weber und das Weben als auch das Werk zugleich. Man kann sogar behaupten, dass die Welt eine Weben-Performance ist. Das Weben gibt die Dialektik der inamischen Paare deutlich wieder, es geht nämlich um die Verkreuzung von »Kett- und Schussfäden« (»warp and weft«; Maffie 2014, 142), die die Selbstentfaltung Teotls darstellt. Die Verkreuzung inamischer Paare wird als zugleich kreativ und destruktiv dargestellt, wie z. B. Geschlechtsverkehr die Destruktion der Individuen als Einzelne und dennoch das Werden eines dritten Einen widerspiegelt. Die Paare aber lassen keine Hierarchie untereinander zu, sie sind demnach symmetrisch und voneinander sowohl ontologisch als auch definierend abhängig. Maffie schlägt auf Englisch das Wort »match« vor (ebd., 146), um diese Verkreuzung wiederzugeben; auf

27 Siehe Pepper (1970, 91). Maffie gründet seine These auf Peppers Idee, dass philosophische Systeme immer auf einer »root metaphor« basiert sind, worum sich sowohl Erklärungen und Argumentationen als auch die Begrifflichkeit der Philosophen drehen.

28 Siehe Maffie (2014, 141, Fn. 5) wo er u. a. C. Klein: »Woven Heaven, Tangled Earth: A Weaver's Paradigm of the Mesoamerican Cosmos«, Peter T. Furst: »The Thread of Life: Some Parallels in the Symbolism of Aztec, Huichol and Pueblo Earth Mother Goddesses« und Stacy B. Schaefer: »To think with a Good Heart: Wixárika Women, Weavers, and Shamans« erwähnt.

Deutsch könnte man angemessen vielleicht »Paarung« oder »Ergänzung« dafür verwenden. Dementsprechend ist die Nahuatl-Metaphysik eine »relationale Metaphysik«: Es gibt nichts, das ohne ein inamisches Paar subsistieren bzw. sein kann.[29] Insofern kann man ergänzen, dass es nichts gibt, das wie eine selbstständige Substanz *an sich* ist, in z. B. einem platonischen Sinne einer Idee. Das Weben widerspiegelt folglich den interrelationalen Aspekt des Nahuatl-Verständnisses der Welt und somit von Ometéotl.

Maffie zufolge konstituiert *nepantla* nun einen Hauptbegriff in der Nahuatl-Metaphysik in der Hinsicht, dass es alle Aspekte des Webens und der inamischen Paarung von Ometéotl übermittelt. Was bedeutet also *nepantla*?[30]

> »*Nepan-* occurs only as an element of compounds and derivations. It combines *ne*, a nonspecific reflexive object prefix, with *pan*, a postposition meaning ›on the surface of, for or at a particular time‹. *Nepan* accordingly conveys a sense of mutuality or reciprocity. Tlah is a locative compound conveying a sense of abundance. [...] *Nepantla*, Karttunen concludes, convey a sense of abundant reciprocity or mutuality; or more precisely, reciprocity or mutuality that consists of a dynamic condition of being abundantly middled, betwixt and between, or centered. It suggests an abundance of middleness or betwixt-and-betweenness.« (Maffie 2014, 355; meine Hervorhebung; vgl. Karttunen 1983, 160, 169, 186, 259)

29 Siehe López Austin (2019, 146): »Todo en este mundo tiene su ›complemento‹, su ›contrario‹, su ›correspondiente‹.« (Alles in der Welt hat eine »Ergänzung«, ein »Gegenteil«, ein »entsprechendes Teil«.)

30 Der Begriff von *nepantla* als Zeichen eines ontologisch symmetrischen Webens von Seiendem wird später eine zentrale Rolle im mexikanischen Existenzialismus spielen, wie an anderer Stelle in diesem Buch erläutert wird.

Sowohl Maffie als auch López Austin[31] betonen die Tragweite von Gleichgewicht bzw. Mäßigung (»middleness«) in allen weltlichen, natürlichen und menschlichen Prozessen, die eben durch den Begriff von *nepantla* zur Sprache kommt. Die Gegenseitigkeit der inamischen Paare, die alles konstituiert, ist demgemäß impliziert im Begriff von *nepantla*. Das zentrierte Sein von allem besteht in deren gegenseitigem Zwischensein, das zugleich dynamisch ist. Alle Prozesse, die *nepantla*-artig sind, nämlich die *nepanoa*, d. h. die vermengenden, verleihen den inamischen Paaren das nötige dynamische Gleichgewicht (»dynamic balance«) (siehe Maffie 201, 360). Prozesse, die nun paradigmatisch für das Verständnis von *nepantla* sind, sind u. a. Geschlechtsverkehr *(nenepanoliztli)*, Freundschaft *(nenepantlazotlaltia)*, zwischenmenschliche Unruhe zu provozieren *(tenepantla moctecani)* und sogar Krieg und Kampf.

Fray Alonso de Molina versteht *nepantla* als ein Adverb (in ebd., 355), das die Art und Weise einer Handlung modifiziert, namentlich als »gegenseitig, reziprok, inzwischen« oder sogar als »weder Fisch noch Fleisch«, d. h. neutral (vgl. Elzey 1976, 324). Maffie kontert aber, dass Molinas Auslegung Gefahr laufe, *nepantla* zu vergegenständlichen, was dem nicht entsprechen würde, was mit *nepantla*-Prozessen gemeint ist, d. h. die kosmische Dynamik, nicht eine Sachlage oder ein Ding.

Turner übersetzt *nepantla* als »Liminalität«, in der Hinsicht, dass es um

31 López Austin (2019, 146): »En la milenaria tradición mesoamericana, el juego de los contrarios provoca en el mundo un continuo desajuste, una transformación constante, y si un elemento alcanza demasiado vigor, el hombre debe intervenir para oponer elementos contrarios a fin de mantener la compensación que le es necesaria para su subsistencia.« (In der tausendjährigen mittelamerikanischen Tradition ruft das Zusammenspiel der Gegensätze ein kontinuierliches Ungleichgewicht bzw. eine ständige Transformation hervor. Falls ein Element aber zu viel an Kraft gewinnt, soll der Mensch darin eingreifen, um dies zu kompensieren und dadurch das Gleichgewicht wiederzugewinnen, das nötig für deren Subsistenz ist.)

Prozesse geht, die »logisch antithetisch« und »wesentlich unstrukturiert sind« (Turner 1979, 236). Er weist weiter darauf hin, dass es mit dem »subjunktiven Modus« einhergehe, da es Phänomene des Strebens, der Fantasie, des Irrealen darstelle, im Kontrast zum »indikativen Modus«, der das Ordinäre oder Gewöhnliche zur Sprache bringt (vgl. Turner 1986, 42). Doch nach Maffie stellt die Polarität in Turners Begriff der Liminalität – zwischen dem Subjunktiv-Außerordentlichen und dem Indikativ-Ordinären – eine falsifizierende Auslegung von *nepantla* dar, da *nepantla* eben nicht als außerordentlich zu verstehen ist, sondern als das Ordinäre, nämlich wie der Kosmos, »üblicherweise« in Gang ist, d. h. eine Kontinuität inamischer Paarung. Dies bringt uns nun auf das Verständnis von Teotl zurück, worin Ambiguität und die entsprechende Dynamik zwischen Paaren herrscht, d. h. weder männlich noch weiblich, weder Sein noch Nichtsein usw. Leben sei dementsprechend ein Hin und Her von inamischen Paaren, eine ständige Spannung im Zwischensein.

Maffies Interpretation von *nepantla* lässt sich als ein Versuch verstehen, sich von früheren Interpretationen der Nahuatl-Philosophie zu entfernen, nämlich einer westlich aufgeladenen Interpretation, d. h. einer Lektüre der Nahuatl-Philosophie hinsichtlich der Seinsmetaphysik.[32] Sowohl das adverbiale Verständnis von *nepantla* (Molina) als auch die Kritik Maffies am Begriff von Liminalität als dessen Übersetzung beanspruchen dementsprechend, die Begrifflichkeit der Nahuatl-Volksgruppe ohne eine Gegenüberstellung westlicher Metaphysik aufzudecken. Diese Aufforderung besteht

32 Siehe Marcos de R. Antuna (2018, 160): »Indeed, Maffie (2014) makes it clear that this foundational concept of Teotl must inform any further rumination on nepantla. Prior attempts to characterize Aztec Philosophy (Bierhorst, 1985; León-Portilla, 1963) have led to the superposition of Western Platonism, a reification-oriented and hierarchical metaphysical system, onto the Aztec ontological framework.«

weiterhin auch in der Beschreibung des Menschen in der Nahuatl-Philosophie.

DER MENSCH: *IN IXTLI IN YOLLOTL*

Die Frage der *tlamatimine* bezüglich des Menschen fragt nach dem, was, westlich übersetzt, die Wahrheit des Menschen wäre. Doch wie León-Portilla die Frage neu übersetzt, handelt es sich um die Frage nach der »Wurzel« des Menschen, nämlich der *neltiliztli*. Was ist nun damit gemeint? Was heißt es, wenn die Nahua auf die »Wurzel« verweisen, um die menschliche Frage zu stellen?

Dafür lohnt es sich, eine Stelle aus einem Gedicht Nezahualcóyotls zu zitieren:

»Ich, Nezahualcóyotl, frage es:
Lebt man (wahrlich) auf der Erde verwurzelt?
Nicht auf ewig aber lebt man auf der Erde:
Nur ein bisschen hier.
Sei es aus Jade, wird es zerbrechen,
sei aus Gold, wird es zertrümmert,
sei es des Quetzals Federkleid, wird es zerreißen.
Nicht auf ewig auf dieser Erde:
Nur ein bisschen hier.«[33]

Was bringt Nezahualcóyotl zu dieser Art schmerzender Fragestellung? Die Vergänglichkeit des irdischen Lebens, das in seiner Fragilität und Zerbrech-

33 Portilla (1994, 120–121): »Yo Nezahualcóyotl lo pregunto:/ ¿Acaso de veras se vive con raíz en la tierra?/ No para siempre en la tierra:/solo un poco aquí./ Aunque sea de jade se quiebra,/ aunque sea oro se rompe,/ aunque sea plumaje de quetzal se desgarra./ No para siempre en la tierra:/ solo un poco aquí.«

lichkeit dargestellt wird, führt den Dichter auf die Frage nach einer Wurzel, einem Boden, also einem Wahren, das auf dem Boden stabil oder fest hält. Die Wahrheit des Menschen besteht für die Nahua in einer Wurzel, die ihm einen Boden gewährt. Die Überzeugung, das Leben auf der Erde sei nur wie ein flüchtiger Traum, bringt somit die alten *tlamatimine* zum philosophischen Problem des Menschen:

»Sind etwa die Menschen verwurzelt?
Darum ist unser Gesang ohne Wurzel.
Was steht vielleicht?
Was ist es, das recht kommt?«[34]

León-Portilla überträgt das Wort *neltiliztli* mit »verdad« (Wahrheit), dennoch argumentiert er weiter, dass es eben um die Idee von einem Boden bzw. Grund oder auch der Verwurzelung gehe. Die Frage lässt sich dementsprechend auch so auslegen: Haben die Menschen einen Grund, sind sie verwurzelt (vgl. ebd.)?

Die Verwurzelung des Menschen wird durch den sogenannten »Diphrasismus«[35] wiedergegeben: Gesicht und Herz. Diese zwei Wörter bzw. Metaphern artikulieren die menschliche Wurzel, d. h. das, was dem Menschen einen Boden verleiht. Das Gesicht *ix-tli* spielt eine sehr gewichtige Rolle sowohl in Bezug auf die Verwurzelung des Menschen als auch auf die Nahuatl-Vorstellung des Weisen bzw. *tlamatimine*. Den Nahua zufolge werden

34 León-Portilla (1993, 61): »¿Acaso son verdad los hombres?/ Por tanto ya no es verdad nuestro canto./ ¿Qué está por ventura en pie?/ ¿Qué es lo que viene a salir bien?«

35 Ein Diphrasismus ist ein stilistisches Mittel der Nahuatl-Dichtung. Er besteht aus der Gegenüberstellung zweier Metaphern, die aber einen einzigen Gedanken oder eine einzige Idee bezeichnen. Dies findet sich sowohl in der Nahuatl-Dichtung als auch in der »Huehuehtlahtolli«, d. h. den Reden der Alten (siehe León-Portilla 1994, 88).

die Menschen gesichtslos bzw. anonym geboren, und erst im Leben werden sie ein Gesicht annehmen bzw. sich aneignen. Es ist der Weise derjenige, der »den Menschen ein Gesicht zu entwickeln und zu erwerben beibringt« (León-Portilla 1993, 190). Aus diesem Grund wird der Weise mit Spiegeln *(tézcatl)* dargestellt bzw. gezeichnet, die er vor die Menschen stellt, damit sie ein eigenes Gesicht erst annehmen können. León-Portilla bezieht sich auf die Nahuatl-Berichter von Fray Bernardino de Sahagún,[36] die ihm die Rolle des »Philosophen« erklärten. Wir werden nicht die komplette Beschreibung wiedergeben, jedoch ein paar Zeilen, die die Bedeutung der Rolle des Gesichts und des Weisen als *Gesichtsgeber* hervorheben:

> »Der Weise [...]
> Ein durchbohrter Spiegel, von beiden Seiten durchlöchert.
> [...]
> Dem fremden Antlitz verleiht er die Weisheit, er überreicht den Anderen ein Gesicht,
> (Persönlichkeit), er entfaltet sie bei ihnen.
> [...]
> Einen Spiegel setzt er vor die Anderen, er bringt sie zum Verstand, macht sie
> vorsichtig; es gelingt ihm, ein Gesicht bei ihnen sichtbar werden zu lassen.«[37]

36 Die von Sahagún aufgezeichneten Berichte sind in seiner *Historia general de las cosas de la Nueva España* zu finden.

37 León-Portilla (1993, 65): »El sabio [...]/ Un espejo horadado, un espejo agujereado por ambos lados. [...]/ Hace sabios los rostros ajenos, hace a los otros tomar una cara/ (una personalidad), los hace desarrollarla. / [...]/ Pone un espejo delante de los otros, los hace cuerdos, cuidado-/ sos; hace que en ellos aparezca una cara (una personalidad).«

Die verwendete Metapher »ein durchbohrter Spiegel, von beiden Seiten durchlöchert« steht nach León-Portilla für ein *tlachialoni*, d. h. ein Zepter, das in der Spitze einen durchbohrten Spiegel hält, wodurch die Gottheiten das Menschliche und Irdische beobachten können (vgl. ebd., 66). Dementsprechend repräsentiert der Spiegel einen Beobachter bzw. Aussichtspunkt, nämlich den Weisen, der aber zugleich eine pädagogische Funktion verkörpert, indem er als Gesichtsgestalter dargestellt wird. Insofern scheint es, dass der Begriff des Menschen in einer Art Metonymie gefasst ist, nämlich in einem Körperteil, der aber ein Ganzes zusammenschließt. Nach León-Portilla kann man dementsprechend die Idee des Gesichts mit der der westlichen Person gleichsetzen.

Auf der anderen Seite des Diphrasismus finden wir nun das Herz *yóllotl*, ein etymologisch mit der Wurzel *ollin*, d. h. »Bewegung«, verwandtes Wort. Das Herz steht demnach für den dynamischen, beweglichen Aspekt des »Ichs«, indem es auf der Suche nach einem eigenen Gesicht und einem Sinn im irdischen Traum ist. Dieses Streben ist jedoch doppelseitig. Es kann nämlich auf Irrwege geraten *(a-huicpa)* oder das einzige Wahre erreichen, nämlich »Dichtung«, die im Nahuatl durch den Diphrasismus »Blume und Gesang« bezeichnet wird.[38]

38 Im Einklang mit dem Gedanken, der Mensch sei fähig, das eigene Gesicht irrigerweise oder wahrhaftig zu erwerben, können wir behaupten, dass die verbreitete Idee, es gäbe einen Fatalismus beim Nahuatl-Volk, durchaus nicht richtig ist. Einerseits gab es zwar eine kalendarische Signatur der Persönlichkeit und des eigenen Schicksals, die bezüglich des Tages und Jahres dem Neugeborenen ein entweder blühendes oder ein verheerendes Omen gewährte. Andererseits blieb die Tür dennoch offen für eine relative »Freiheit«. Demnach besteht nicht ein absoluter Fatalismus, der folglich die Rolle des Weisen als Gesichtsgeber und Lehrer bei der Suche des Menschen als überflüssig erscheinen ließe. Es gibt demgemäß einen Raum für die Selbstbestimmung des Individuums, die mithilfe des Weisen gestaltet wird, wie es u. a. ein Vers des Berichters Sahagún zeigt, nämlich: Sie »vermenschlichen das Wollen der Leute«. Man kann somit ferner behaupten, dass die Bildung bzw. die Betätigung der Weisen in der Gestaltung des Gesichts und des

López Austin bietet eine davon unterschiedene Interpretation des genannten Diphrasismus an. Er widersetzt sich direkt der Deutung dieser Trope durch León-Portilla, indem er *ixtli* und *yollotl* einen anderen und vielleicht allgemeineren Sinn verleiht. Vor allem widerspricht er den Gedanken León-Portillas, Gesicht sei eine Art Äquivalent zur Person bzw. Persönlichkeit. López Austin zufolge hat *ix-tli* zwar die Bedeutung von Gesicht, aber auch die von Auge, die die Wahrnehmung und somit kognitive Funktionen abdeckt (vgl. López Austin 1980, 215). Andererseits verweist das Wortfeld von *yol*, *yollo* auf alle übrigen menschlichen Vermögen, wie »Lebendigkeit, Wissen, Neigung und Stimmung« (López Austin 1991, 320). Infolgedessen gruppiert das Wortfeld *ix-* alle kognitiven Vermögen, während *yol-* sich auf ein vielfältiges Zentrum unterschiedlicher Fähigkeiten bezieht. Wenn wir dies auf die Übersetzung von Nezahualcoyotl durch León-Portilla anwenden, hieße es nicht, dass der Weise dem Menschen ein Gesicht verleiht, sondern die Kognition, und somit »hacer que la gente adquiera percepción« (ebd., 321), d. h. den Menschen das Wahrnehmungsvermögen vermittelt. Demgemäß deutet Austin den Diphrasismus um, in der Hinsicht, dass die Trope *in ixtli in yollotl* sowohl Wahrnehmung und Verstehen als auch Stimmung und Befindlichkeit zusammenfügt.

Es scheint demnach, dass López Austin seine Interpretation eher auf die inneren Aspekte der Menschen gründet, während León-Portilla in den »Körperteilen« (Gesicht und Herz) eine Art Metonymie der menschlichen Ganzheit abliest.

Wollens besteht. Hier kann wieder eine Parallele zu den Quechua gezogen werden. Während die Menschen in der Quechua-Kultur Teil der gegenseitigen Kräfte der allumschließenden Lebenskraft waren, waren sie nicht prädeterminiert, sondern hatten die Freiheit, entweder zum Ausgleich oder zum Chaos des Universums beizutragen. Die Quechua-Ethik dreht sich darum, die Entschlüsse zu treffen, die den Ausgleich des Universums stärken und beibehalten.

SCHLUSSWORTE

Wir haben hier nur eine einleitende, jedoch nicht ausführliche und allumfassende Vorstellung der Nahuatl-Philosophie vorzulegen versucht. Es wurden hauptsächlich die Metaphysik und die Anthropologie zur Einführung dargestellt, um ein Interesse an diesem noch zu erforschenden Gebiet zu wecken.

León-Portilla versuchte mit seinem Werk eine Gesamtdarstellung der Hauptgedanken der Nahua als Philosophie zu liefern. Er befasste sich mit etlichen Themen, die wir hier leider nicht behandeln konnten. Dennoch haben wir insbesondere eine Auswahl von Gedanken – nämlich: Kosmologie, Metaphysik und Anthropologie – präsentieren können, um die Leserinnen und Leser darin einzuführen. León-Portillas Arbeit bestand hauptsächlich in einer Art von Aufteilung und Organisation der Nahuatl-Quellen in philosophische Kategorien, die die Möglichkeit eröffnete, eine spezialisiertere Forschung auf diesem Gebiet durchzuführen. Demnach gilt seine Arbeit als Grundlage für die kommende Forschung, wie z. B. die von Maffie. Insofern liegt der Schwerpunkt Maffies auf der »Nahuatl-Metaphysik«. Maffie argumentiert, wie erwähnt, dass das Nahuatl-Denken sich dadurch entziffern lasse, dass man zunächst dessen Metaphysik verstehe. Er versuchte den Abstand zwischen dem westlichen und dem Nahuatl-Denken so weit wie möglich zu beachten, dennoch erwies es sich als unmöglich, dieses Denken ohne westliche Kategorien auszulegen. Es war leider auch schwierig, sich mit allen von Maffie präsentierten Themen zu befassen. Wir wählten insbesondere die Themen aus, die in der späteren mexikanischen Philosophie aufkommen sollten. Zuerst wurde ein einleitender Teil präsentiert zur Art und Weise, wie die Nahua die Realität bzw. das Sein verstehen, wobei sich herausstellte, dass es um einen Monismus geht, der jedoch einen doppelgesichtigen Charakter hat. Danach beschäftigten wir uns mit dem gewichtigen Begriff von *nepantla*, der das Sein und die Dynamik des Seins umfasst. Im letzten Teil versuchten wir weiter, die Nahuatl-Anthropologie darzustellen, in Anlehnung an die Arbeit von León-Portilla, aber auch an den mexikanischen Historiker López Austin.

Wie in diesem Buch noch gezeigt wird, greifen manche Hauptbegriffe der Nahua bis auf mexikanische Philosophen des 20. Jahrhunderts zurück. Ein immer wiederkehrendes Motiv bei der mexikanischen Philosophie ist das von *nepantla* oder die Vorstellung von einem »Zwischensein«, die das »Mexikanischsein« bestimmt. Wir finden den Begriff u. a. bei Emilio Uranga, der sich damit befasst, um die Vielschichtigkeit und das komplexe Netz von Einflüssen in Lateinamerika hervorzuheben.

Zusammengefasst lässt sich sagen, dass die philosophische und die hermeneutische Mühe sowohl León-Portillas als auch Maffies sich nicht als vergeblich herausgestellt haben. Es wurde hier erwiesen, wie tiefgreifend die Philosophie der Nahua ist und wie viel es noch bei ihnen zu entdecken gibt.

LITERATURVERZEICHNIS

Antuna, Marcos de R. (2018): »What we talk about when we talk about Nepantla: Gloria Anzaldúa and the queer Fruit of Aztec Philosophy«. In: *Journal of Latinos and Education*, 17(2): 159–163. DOI: 10.1080/15348431.2017.1295859.

Caso, Alfonso (2018): *El pueblo del sol.* México, D. F.: Fondo de Cultura Económica.

Elzey, Wayne (1976): »Some Remarks on the Space and Time of the ›Center‹ in Aztec Religion«. In: *Estudios de Cultura Náhuatl* 12 (octubre), 315–334.

Florescano, Enrique (1997): »El mito nahua de la creación del cosmos y el principio de los reinos«. In: *La Palabra y el Hombre* 104 (octubre-diciembre), 57–70.

Furst, Peter T. (1975): »The Thread of Life: Some Parallels in the Symbolism of Aztec, Huichol and Puebla Earth Goddesses«. In: *Balance y perspectiva de la antropología de Mesoamerica y del centro de México*, 235–245. Mesa Redonda 13th, 1973. México, D. F.: La Sociedad Mexicana de Antropología.

González, Alberto C. (2017): *Miguel León-Portilla y la interpretación del mito en La filosofía náhuatl estudiada en sus fuentes 1956–2006*. México: Colección Letra sobre letra, Universidad de Colima.

Hvidtfeldt, Arild (1958): *Teotl and *Ixiptlatli: Some Central Conceptions in Ancient Mexico Religion*. Copenhagen: Munksgaard.

Karttunen, Frances (1983): *An Analytical Dictionary of Nahuatl*. Norman: University of Oklahoma Press.

Klein, Cecilia (1982): »Woven Heaven, Tangled Earth: The Weaver's Paradigm of the Mesoamerican Cosmos«. In: Anthony F. Aveni & Gary Urton (eds.): *Ethnoastronomy and Archaeoastronomy in the American Tropics*. New York: New York Academy of Sciences, 1–35 (= Annals of the New York Academy of Science, No. 38).

Lehmann, Walter (1938): *Die Geschichte der Königreiche von Colhuacan und Mexico*. Text mit Übersetzung von Walter Lehmann. Stuttgart: Kohlhammer (= Quellenwerke zur alten Geschichte Amerikas, Bd. 1).

León-Portilla, Miguel (1993): *La filosofía náhuatl*. México: Universidad Autónoma de México.

León-Portilla, Miguel (1994): *Quince poetas del mundo náhuatl*. México: Diana

López Austin, Alfredo (1980): *Cuerpo humano e ideología*. México: Universidad Nacional Autónoma de México.

López Austin, Alfredo (1991): »Cuerpos y rostros«. In: *Anales de Antropología*, Vol. 28, 317–335.

López Austin, Alfredo (2016): *Las razones del mito*. México: Era.

López Austin, Alfredo (2019): *El conejo en la cara de la luna. Ensayos sobre mitología de la tradición mesoamericana.* México: Era.

Maffie, James (2010): »Pre-Columbian Philosophies«. In: Susana Nuccetelli, Ofelia Schutte & Otávio Bueno (eds.): *A Companion to Latin American Philosophy.* Chichester: Wiley-Blackwell, 9–22.

Maffie, James (2014): *Aztec Philosophy. Understanding a World in Motion.* Colorado: University Press of Colorado.

Maffie, James (o. J.): »Aztec Philosophy«. In: *IEP – Internet Encyclopedia of Philosophy.* URL: https://iep.utm.edu/aztec-philosophy/#H2 [Zugriff: 15. 03. 2023, 15.30 Uhr].

Olmos, fray Andrés de (1891): »Historia de los Mexicanos por sus pinturas«. In: Joaquin García Icazbalceta: *Nueva Colección de documentos para la historia de México.* México: Antigua Librería de Andrade y Morales, Sucesores.

Pepper, Stephen (1970): *World Hypotheses: A Study in Evidence.* Berkeley: University of California Press.

Read, Kay Almere (1998): *Time and Sacrifice in the Aztec Cosmos.* Bloomington: Indiana University Press.

Sahagún, fray Bernardino (1938): »Historia general de las cosas de la Nueva España«. In: Miguel Acosta Saignes (ed.): 3 Vols. México: Robredo.

Schaefer, Stacy B. (2002): *To Think with a Good Heart: Wixárika Women, Weavers, and Shamans.* Salt Lake City: University of Utah Press.

Stuart, David (1996): »Kings of Stone: A consideration of Stelae in Ancient Maya Ritual and Representation«. In: *RES: Anthropology and Aesthetics,* No. 29/30 (Spring/Autumn 1996), 147–171.

Townsend, Richard F. (1992): *The Aztecs.* London: Thames and Hudson.

Turner, Victor (1979): »Betwixt and Between: The Liminal Period in Rites of Passage«. In: William A. Lessa & Evon Z. Vogt (eds.): *Reader* *in Comparative Religion: An Anthropological Approach.* 4th ed., New York: Harper and Row Publishers, 234–242.

Turner, Victor (1986): »Dewey, Dilthey, and Drama: An Essay in the Anthropology of Experience«. In: Victor Turner & Edward Bruner (eds.): *The Anthropology of Experience.* Urbana: University of Illinois Press.

KONKRETE UNIVERSALIEN: MEXIKANISCHER EXISTENZIALISMUS UND DIE FRAGE NACH DER SITUATIONALITÄT

RAZVAN ADRIAN SANDRU

Im einleitenden Kapitel dieses Buches haben wir behauptet, dass die lateinamerikanische Philosophie eine situierte Denkart bezeichnet, welche dadurch ihr Spezifikum erhält, dass sie die auf das Universale gerichtete abendländische Philosophie ausgehend von konkreten Realitäten rekonstruiert. Boaventura de Sousa Santos (2018) nennt diese Art von Denken eine gegen-hegemoniale Epistemologie, deren Prinzipien im »Auffressen« klassischer Philosophien und ihrer Umgestaltung gemäß lokalen Umständen bestehen. Diese Prinzipien werden laut de Sousa Santos schon im 19. Jahrhundert von lateinamerikanischen DenkerInnen der Schule von Nuestra América und der Hyperion-Gruppe formuliert. In diesem Kapitel werden wir darstellen, wie diese frühen Versuche, eine lateinamerikanische Denkweise bewusst zu definieren, sich in Denksystemen wie dem mexikanischen Existenzialismus konkretisieren.

Unter »Existenzialismus« wird gewöhnlich eine philosophische Tradition verstanden, deren wichtigster Ausgangspunkt die Idee ist, dass »die Existenz dem Wesen vorausgeht«. Mit anderen Worten: Die Menschen sind nicht von Geburt an durch ein »Wesen« bestimmt. In diesem Sinne steht der Existenzialismus in einer Spannung zur dogmatischen Metaphysik. Im Mittelpunkt des Existenzialismus steht eher die Fähigkeit der Menschen, mit jeder Entscheidung, die sie treffen, »sich selbst zu bestimmen«. Der mexikanische Existenzialismus ist ein ganz besonderer Fall, denn er versucht, über dieses »Sich-selbst-Bestimmen« von einem konkreten historisch und kulturell bedingten Standpunkt aus nachzudenken.

NUESTRA AMÉRICA

1891 publizierte José Martí (1853–1895) den Essay mit dem Titel *Nuestra América* (»Unser Amerika«), der als Manifest für die Anerkennung und Weiterentwicklung einer lateinamerikanischen Auffassung der Realität angesehen werden kann. Martí macht seine Leserschaft darauf aufmerksam, dass die Denkkategorien und Ideale der abendländischen Philosophie, wie etwa die Auffassung der Welt gemäß einem a priori deduzierten Universal, von den Realitäten der sogenannten Neuen Welt infrage gestellt werden.

> »Der eingebildete Dorfbewohner glaubt, dass die ganze Welt sein Dorf ist, und solange er Bürgermeister bleibt oder der Nebenbuhler, der ihm die Braut weggenommen hat, gedemütigt wird, oder seine Ersparnisse in seinem Sparschwein wachsen, nimmt er die universelle Ordnung für gut, ohne von den Riesen zu wissen, die sieben Meilen in ihren Stiefeln tragen und ihm den Stiefel anziehen können, oder vom Kampf der Kometen am Himmel, die schlafend durch die Luft fliegen und Welten verschlingen.« (Martí 2002, 15)[1]

Die Welt gemäß einem A-priori-Universalismus zu denken, welcher aber in einem abendländisch spezifischen Kontext entwickelt wurde, wird von Martí als einem Dorfmenschen ähnelnd beschrieben, welcher der Meinung ist, dass sein Dorf die Form des Universums be- und vorschreibt. Die Analogie Martís kritisiert anekdotisch die uniformisierenden Tendenzen des

1 Im Original: »Cree el aldeano vanidoso que el mundo entero es su aldea, y con tal que él quede el alcalde, o le mortifiquen al rival que le quitó la novia, o le crezcan en la alcancía los ahorros, ya da por bueno el orden universal, sin saber de los gigantes que llevan siete leguas en las botas, y le pueden poner la bota encima, ni de la pelea de los cometas en el cielo, que van por el aire dormidos engullendo mundos« (eigene Übersetzung).

Kolonialismus, welcher die Existenz anderer Dörfer verleugnet, um seine eigene Weltanschauung universell aufzudrängen. Auf der anderen Seite fungiert seine Anekdote als Warnung für die Opfer des Kolonialismus, eigene Welten anzuerkennen und sie, wenn mit der kolonialistischen Expansion konfrontiert, nicht sterben zu lassen.

> »Wir können nicht länger das Volk der Blätter sein, das in der Luft lebt, mit dem blumenbeladenen Kelch, der raschelt oder summt, je nachdem, ob er von der Laune des Lichts gestreichelt oder von den Stürmen geschüttelt und niedergeschlagen wird. [...] Es ist die Stunde der Abrechnung und des gemeinsamen Marsches, und wir müssen in einem engen Viereck gehen wie das Silber an den Wurzeln der Anden.« (Martí 2002, 17)[2]

De Sousa Santos fasst die Prinzipien von Martís Manifest folgendermaßen zusammen. *Nuestra América* sollte erstens als eine Kontrastfolie zur kolonialen Einstellung verstanden werden, welche nämlich die einheimischen Kulturen der Amerikas aufzunehmen versucht und sie gemäß einem kosmopolitischen Ideal des Abendlandes zu uniformisieren beabsichtigt. Das, was hier kritisiert wird, ist nämlich der sogenannte Zivilisierungsprozess, welcher die schon etablierten Identitäten der einheimischen Kulturen verleugnet und ihnen ein abendländisches Werte- und Denksystem aufdrängt, sodass die Amerikas zu Kopien Europas werden. Stattdessen schlägt Martí vor, dass die Länder der Amerikas ihr autonomes Denken entwickeln sollen, um alternative ethische, epistemologische, politische und sogar metaphysi-

2 Im Original: »Ya no podemos ser el pueblo de hojas, que vive en el aire, con la copa cargada de flor, restallando o zumbando, según la acaricie el capricho de la luz, o la tundan y talen las tempestades. [...] Es la hora del recuento y de la marcha unida, y hemos de andar en cuadro apretado como la plata en las raíces de los Andes« (eigene Übersetzung).

sche Potenziale aufzudecken. Diese Selbstentwicklung der eigenen Potenziale soll aber zweitens keine Verleugnung der abendländischen Dimension der Kultur sein, sondern vielmehr die Anerkennung ihrer Situiertheit in einer heterogenen Kultur. Die zweite Grundidee von *Nuestra América* ist also die der unendlichen Verwicklung mehrerer Identitäten, die die Komplexität der kolonisierten Gemeinschaften anerkennt und »als neue Form eines Universalismus von unten nach oben die Welt« bereichern soll (Santos 2018, 84). Dies führt Martí zu der dritten Dimension von *Nuestra América*, nämlich der Notwendigkeit einer strengen Erforschung der präkolumbianischen Epistemologien und Denkarten, die, neben den abendländischen Aspekten, über die Entstehung der (post-)kolonialen Identitäten informieren. Diese Akzentuierung des Einheimischen soll aber nicht als eine Rückkehr zu einer behaupteten ursprünglichen und authentischen Natur des Subjekts verstanden werden, sondern als ein situiertes Wissen, »welches eine fortwährende Aufmerksamkeit angesichts der Identität, der Verhaltensweisen und der Verstrickungen im öffentlichen Leben fordert« (Santos 2018, 85). Das Wissen (und Leben) als situierte Phänomene impliziert auch eine vierte Dimension im Denken Martís, nämlich dass die Entwicklung der epistemologischen, ethischen, politischen Potenziale von *Nuestra América* auf einer Innenperspektive beruht. Dies erkennt nämlich an, dass die (de-) kolonisierten Gemeinschaften diejenigen sind, welche den Prozess der Etablierung einer eigenen Denkweise steuern sollen: »Der gute Herrscher in Amerika ist nicht derjenige, der weiß, wie die Deutschen oder die Franzosen regiert werden, sondern derjenige, der weiß, aus welchen Elementen sein Land besteht« (Martí 2002, 17).[3] Zuletzt aber soll nach Martí dieser Prozess nicht zu einer nationalistischen oder identitätslogischen[4] Einstellung führen,

3 Im Original: »El buen gobernante en América no es el que sabe cómo se gobierna el alemán o el francés, sino el que sabe con qué elementos está hecho su país« (eigene Übersetzung).

4 Mit identitätslogischer Einstellung ist hier das politische Denken gemeint, das

sondern zu einem offenen Universalismus, welcher aus der Anerkennung der Differenzen heraus wächst. Dies bedeutet aber weder eine absolute Aufhebung der Vernunft noch eine absolute Relativierung des Wissens, sondern eine Bejahung der »Vernunft aller bezüglich aller Dinge« (Martí 2002, 19). Mit Emilio Uranga (1921–1988), Leopoldo Zea (1912–2004), Jorge Portilla (1919–1963) sowie Luis Villoro (1922–2014) werden wir später in diesem Kapitel sehen, dass ein so aufgefasster Universalismus nur als situiert, dezentralisiert und nicht essenzialistisch verstanden werden kann. Bevor wir unsere Aufmerksamkeit darauf richten, werden wir zuerst die programmatische Ausarbeitung des Manifests Martís betrachten, nämlich die Hyperion-Schule.

HYPERION-SCHULE

Mit dem Namen »Hyperion-Schule« wird eine Gruppe junger PhilosophInnen der Nationalen Autonomen Universität von Mexiko bezeichnet, die versuchte, das europäische Denken mit den für den mexikanischen Kontext charakteristischen Problemen in Einklang zu bringen. Martís Aufruf, eine

eine Gemeinschaft oder eine Kultur auf einem gemeinsamen und uniformen Prinzip zu begründen versucht, wie etwa einer gemeinsamen Sprache, einem gemeinsamen geografischen Raum oder gemeinsamen Vorfahren. Jean-Luc Nancy (2000) bezeichnet solche identitätslogischen Politiken als diskriminierend, indem sie alle, die das gemeinsame Kriterium nicht erfüllen, ausschließt, und als gewalttätig, indem sie oft zur Rechtfertigung von Kriegen verwendet wurden, wodurch das gemeinsame Merkmal, sich gegen einen Fremden zu verteidigen, behauptet wird. Die Identitätspolitiken basieren nach Nancy auf der Annahme, dass jedes Individuum im Voraus eine feste, a priori bestehende Identität hat, die im Einklang mit der Identität der Gemeinschaft steht. Daher schlägt er vor, dass das Subjekt eher situativ verstanden werden solle, da dessen Identität flexibel sei und sich im Dialog mit anderen Subjekten konstituiere. Ausgehend von einem solchen identitätsflexiblen Subjekt rekonstruiert Nancy den Begriff der Gemeinschaft als den eines inklusiven und offenen Kollektivs.

Denkweise mit lateinamerikanischem Spezifikum zu entwickeln, statt eine europäische lediglich nachzuahmen, spiegelt sich wider in den intellektuellen Bewegungen Mexikos im 20. Jahrhundert. 1934 schreibt Samuel Ramos (1897–1959) über den Versuch Mexikos, »entwickelte« Länder nachzuahmen, und über das Scheitern dieses Versuches, was letztendlich zu einem Inferioritätskomplex Mexikos geführt habe. Zudem macht er darauf aufmerksam, dass den mexikanischen und lateinamerikanischen DenkerInnen das erforderliche philosophische Instrumentarium fehle, eine eigene Philosophie aufzubauen (Ramos 2001). Obwohl kontrovers, symbolisiert Ramos' Kritik den damaligen akademischen Zeitgeist in Mexiko.

José Gaos (1900–1969), der von Spanien nach Mexiko geflohen war und die Werke Martin Heideggers (1889–1976) ins Spanische übersetzt hatte, war auch der Meinung, dass Mexiko eine »Professionalisierung« der Philosophie zu leisten habe. Damit war gemeint, Klassiker der Weltphilosophie in Mexiko und Lateinamerika durch Übersetzungen und Seminare bekannt zu machen und dabei eine zweite »gelehrte« Generation zu bilden, welche die oben genannten Werke im Detail zu studieren zum Ziel hatte. In der Tat sind einige von Gaos' und Ramos' Studierenden nach Europa gegangen, um sich im abendländischen Denken zu spezialisieren und dieses zurück nach Mexiko zu bringen, um es kritisch zu analysieren und daraus etwas Spezifisches zu machen (Hurtado 1994). Von den europäischen DenkerInnen waren es die ExistenzialistInnen und die PhänomenologInnen (vor allem aus Frankreich), die zur Analyse der mexikanischen Realitäten am besten zu passen schienen. Weiterhin waren die ExistenzialistInnen in Europa nach dem Zweiten Weltkrieg mit denselben prekären Umständen beschäftigt, die die mexikanische Gesellschaft längst betroffen hatten. Dieser situationale Einklang wurde in Mexiko als die Gelegenheit wahrgenommen, endlich mit der Philosophie Europas dieselben Themen anzusprechen und zu diesen Themen eine innovative, nicht europäische Perspektive einzubringen (Hurtado 1994). Dies war zumindest die Meinung der Vertreter-

Innen der Hyperion-Schule, deren Mitglieder sich unter dem Einfluss von Ramos der Entwicklung einer eigenen Philosophie durch die Anwendung des Existenzialismus auf ihre lokalen Realitäten gewidmet hatten: »Letztlich entscheidet sich der Wert des Existenzialismus an seiner Fähigkeit, die Grundlage für eine systematische Beschreibung der menschlichen Existenz zu liefern, und zwar nicht der abstrakten menschlichen Existenz, sondern der situierten menschlichen Existenz« (Uranga 1984).[5] Dabei schließen sie sich der Idee einer mexikanischen Aufklärung an, die schon von Miguel Hidalgo (1753–1811), Antonio Caso (1883–1946) oder José Vasconcelos (1882–1959) postuliert worden war (Sánchez 2008; Hurtado & Sánchez 2020).

Unter den wichtigsten und bekanntesten Vertretern dieser Schule waren Emilio Uranga, Jorge Portilla, Leopoldo Zea und Luis Villoro, die 1948 eine Reihe von Vorlesungen über französischen Existenzialismus am Instituto Francés de América Latina (IFAL) gegeben haben. Diese Vorlesungen hatten aber mehr als einen pädagogischer Charakter. Sie waren vielmehr als ein Prozess aneignender Interpretation gedacht, wobei der Existenzialismus als hermeneutisches Werkzeug für die Analyse der mexikanischen Seinsweise fungiert, welche weiterhin als Sprungbrett für eine Theorie der Seinsweisen im Allgemeinen (aber ausgehend von einem Konkreten) dient.

»Mit anderen Worten, der französische Existenzialismus dient als Ausgangspunkt, als Anlass für die Reflexion über einen intersubjektiven Komplex oder Umstand, der ein eigenes Denken, eigene situierte und organische *enfoques* – Perspektiven, Ansätze, konzeptionelle Matrizen, Intentionen usw. – erfordert, die zwar durch die Lektüre von und in den existenzialistischen Texten bedingt sind, aber aus diesem intersubjektiven Komplex oder Um-

5 Im Original: »En definitiva, lo que decide el valor del existencialismo es su capacidad de dar base a una descripción sistemática de la existencia humana, pero no de la existencia humana en abstracto, sino de una existencia humana situada« (eigene Übersetzung).

stand hervorgehen und an ihn gebunden sind und zu seiner eigenen transformativen Analyse geführt werden.« (Sánchez 2016, 16)[6]

Eine Philosophie des Mexikanischen zu entwickeln, wurde jedoch oft als ein Versuch kritisiert, das Wesen aller MexikanerInnen in uniformisierender Weise zu beschreiben und – problematischer noch – dieses Wesen auf das Wesen der Menschheit überhaupt zu übertragen. Sánchez (2008; 2016) folgend wird hier das Mexikanische nicht als ein Wesen betrachtet, sondern als ein situiertes Phänomen, das einer phänomenologisch-existenzialistischen Analyse unterliegt, die die gesellschaftlichen, politischen, historischen, umweltlichen sowie psychologischen Umstände der Erfahrung ernst nimmt. Ausgehend von den IFAL-Vorlesungen haben die VertreterInnen der Hyperion-Schule ihre eigene philosophische Perspektive in ontologischen Systemen ausgearbeitet. Im Folgenden werden wir einen Einblick in diese Systeme erhalten.

LEOPOLDO ZEA

Obwohl die Samen einer »eigenen« Philosophie schon in den Werken Gaos' und vor allem Ramos' zu finden sind, war Leopoldo Zea derjenige, der 1942 mit dem Essay *En torno a una filosofía americana* (»Über eine amerikanische Philosophie«) dem Unternehmen einer eigenen lateinamerikanischen Philosophie Schwung gegeben hat (Hurtado 1994). Leopoldo Zea war nämlich erstens der Meinung, dass Philosophie transformativ und situativ adäquat sein solle, und zweitens, dass die bloße Ausübung der Philosophie in La-

6 Im Original: »In other words, French existentialism serves as a point of departure, an occasion, for reflection into an intersubjective complex or circumstance that demands its own thinking, its own situated and organic enfoques – perspectives, approaches, conceptual matrices, intentions, and so on – that, while occasioned by a reading of and into the existentialist texts, emerge from and are tied to that intersubjective complex or circumstance and are guided toward its own transformative analysis« (eigene Übersetzung).

teinamerika innovative Ideen in die universale Philosophie einführen könne, weil sie sich neuen Umständen anpassen müsse. Obwohl situiert, soll dementsprechend die Philosophie, vor allem die Latino-Philosophie, keine relativistische sein, sondern eine, die ausgehend von der konkreten Situation ihrer Ausübung das Universale erstrebt. Zea stellt diesen Gedanken in *La filosofía americana como filosofía sin más* (»Amerikanische Philosophie als Philosophie überhaupt«) (Zea 1969) folgendermaßen dar: Lateinamerikanische Philosophie hat die Aufgabe, sich mit den Erfordernissen der Latino-Realitäten zu beschäftigen, um diese zu verstehen und dabei Änderungs- und Verbesserungsmöglichkeiten aufzuzeigen. In diesem Prozess soll aber die lateinamerikanische Philosophie auch das Ideal anstreben, eine Philosophie überhaupt *(filosofía sin más)* zu sein, d. h. Aussagen über allgemeingültige Phänomene machen zu können. Diese zweifache Bestimmung der Philosophie hat für alle Hyperion-DenkerInnen auch einen politischen Hintergrund: Die Philosophie soll Änderungen in den Einstellungen ihrer Subjekte gegenüber ihren Umständen bewirken können; sie soll aber auch nicht als eine minderwertige Denkweise erscheinen, nur weil sie eine situativ orientierte ist, sondern soll der klassischen, universal ausgerichteten Philosophie gleichwertig sein. Die mexikanische Philosophie hat nach Zea das Potenzial, allgemein relevant zu sein, gerade wegen ihrer situierten Natur.

Wie schon angedeutet, war Zea der Meinung, dass die mexikanische Existenz eine Erfahrung der Kontingenz sei: »Das Unerwartete ist das Übliche des mexikanischen Lebens.« Wegen dieses Gewöhntseins an Kontingenz könne die mexikanische Philosophie der Welt des Kalten Krieges nützlich sein, indem sie die Umgangsweisen mit Kontingenz aufzeigen könne, was ihr auch Anspruch auf Universalität zu verleihen scheine, so Zea. Hurtado (1994) wirft aber Zea erstens vor, dass dieser die Mannigfaltigkeit der Seinsweisen innerhalb Mexikos und Lateinamerikas auf Kontingenz reduziere, und zweitens, dass er durch den Anspruch auf Allgemeingültigkeit der behaupteten mexikanischen Realität anderen Kulturen universale Werte aufzudrängen versuche. Wir geben Hurtado zu, dass in Zeas Denken die Gefahr eines Authentizitätsdenkens zu spüren ist, wodurch eine Seinsweise privilegiert wird und andere Seinsweisen marginalisiert werden – ein Argument, das auch gegen Heidegger zu Recht verwendet wurde (Noetzel 1999). Dies gilt vor allem, weil Zea der Situation der Mexikanischen Revolution einen ontologischen Charakter als Ereignis der Entdeckung der Mexikanität verleiht, was ideologisch verwendet werden kann, um die Autorität der revolutionären Partei als authentisch zu begründen (Hurtado 1994).[7] Es wird aber hier auch dafür argumentiert, dass die Indienstnahme des Existenzialismus von den Hyperion-DenkerInnen genau diese Problematik anzusprechen versucht, indem das Konkrete einer Situation nicht zum privilegierten Universalen gemacht wird, sondern ontologisch ernst genommen und in den Dialog mit einer Pluralität von Situationen versetzt wird.

Wie für alle Hyperion-DenkerInnen, ist für Zea der Existenzialismus der methodologische Weg, durch den Philosophie von der Analyse individueller Situationen zu intersubjektiven, intentionalen Strukturen kommen kann. Wenn Philosophie auf der anderen Seite sich bloß dem Universalen widmet, sagt sie nach Zea nichts über die Realitäten aus, die die Individuen direkt ansprechen. Stattdessen soll sich die Philosophie konkreten Situationen widmen oder sogar verpflichten und im Prozess ihrer Analyse allgemeine Attribute des Seins berühren. Dabei wird das Universale im Konkreten verankert und das Konkrete allgemein relevant. So verstanden, ist Philosophie keine abgelöste Beobachtung der Welt, sondern eine engagierte Auseinandersetzung mit den Umständen, in welchen Philosophie praktiziert wird,

7 »Obwohl Zea durch den Vorwurf berühmt wurde, dass der Positivismus als Ideologie der Diktatur Porfirios diente, könnte derselbe Vorwurf gegen ihn erhoben werden, nämlich dass er ein Ideologe der PRI ist [die regierende Partei in Mexiko nach der Revolution]« (Hurtado 1994, 277). Im Original: »Es curioso darse cuenta de que si bien Zea cobró notoriedad por su acusación a los filósofos positivistas de ser ideólogos del porfirismo, una acusación parecida se le puede hacer con respecto al priismo tradicional« (eigene Übersetzung).

wie Zea in *La filosofía como compromiso* (»Philosophie als Verpflichtung«) behauptet (Zea 1952).

Diese Treue Zeas dem Konkreten, Situierten gegenüber ist laut Sánchez (2016) gegen einen epistemischen Kolonialismus gerichtet. Zea zufolge ist die Philosophie als Denken des Universalen ein unterdrückender Prozess, wobei die Situationen einiger privilegierter Gruppen zu Archetypen aller Menschen gemacht werden. Dadurch würden die Seinsweisen einiger allen anderen aufgedrängt, was wiederum dadurch erfolge, dass die Seinsweisen der Nichtprivilegierten verleugnet und zum Schweigen gebracht werden (Zea 1952). Vor diesem Hintergrund bezeichnet für Zea der lokal angewandte Existenzialismus einen Widerstand gegen die Hegemonie des Universalen. Dies gilt vor allem für seine späteren Werke, in denen er Abstand von dem starken Fokus auf das Eigene nimmt und sich mehr dem Dialog zwischen dem Situierten und dem Universalen widmet. Diese Einstellung wird von Zeas jüngeren Hyperion-Partnern, wie etwa Emilio Uranga, Jorge Portilla und vor allem Luis Villoro, bestärkt, wie im Folgenden dargestellt wird.

EMILIO URANGA

Emilio Uranga war ein Schüler von José Gaos, der als Übersetzer von Heidegger großen Einfluss auf seinen Nachfolger hatte. Obwohl Uranga am Anfang, wie die meisten der Hyperion-Gruppe, in Jean-Paul Sartre (1905–1980) die Figur der Zukunft für die mexikanische Philosophie sah, ist er nach Erscheinen der spanischen Übersetzung von Heideggers *Sein und Zeit* eher zu einem Heideggerianer geworden (Sánchez 2008). Im Gegensatz zu Heidegger aber, der die Frage nach dem Sein ausgehend von der Seinsweise des Daseins im Allgemeinen ohne Rücksicht auf spezifische politische, gesellschaftliche, kulturelle oder ökonomische Umstände zu beantworten beabsichtigte, hat Uranga seine Analyse auf eine bestimmte Art von Dasein, nämlich das Mexikanische samt seiner spezifischen situationellen Umstände eingeschränkt. Dies entspricht Urangas Methodologie, erstens eine Ontologie ausgehend von einem Konkretum aufzubauen, welches sich zweitens an den Rändern der klassischen ontologischen Kategorien befindet. Uranga betrachtet nämlich das Mexikanische – und im weiteren Sinne das Postkoloniale – als eine Seinsweise, die sich nicht völlig mit der Ontologie des Abendlandes identifiziert. Auf der anderen Seite aber ist das Mexikanische auch nicht als ein dieser Ontologie absolut Fremdes zu verstehen, sondern als eine Seinsweise, die zwischen einer abendländischen und einer einheimischen Ontologie steht.[8] Als eine solche Seinsweise besitzt das Mexikanische zwar abendländische und einheimische Attribute, kann aber von keinem von diesen aufgefasst werden. Das Mexikanische als Zwischensein erfordert vielmehr die Entwicklung einer neuen Ontologie, die diejenige der abendländischen und der einheimischen Philosophie zusammen- und weiterbringen kann. Dieser Gedanke bildet den Kern des Denkens Urangas, wie es in seinem Hauptwerk *Análisis del ser mexicano* (»Analyse des mexikanischen Seins«) dargestellt ist. Hier beschreibt Uranga das Mexikanische als einen Zustand von Unbestimmtheit. Die mexikanische Seinsweise oszilliert Uranga zufolge zwischen dem einheimischen Erbe und den abendländischen Formen, die mit der Kolonialisierung in den einheimischen Raum eingedrungen sind. Hin- und hergerissen zwischen diesen zwei Polen kann das mexikanische Subjekt keine absolute Identität seiner Selbst stiften, sondern geht von einer Identität zur anderen Identität über, je nach den Umständen, in denen das Subjekt sich befindet. Im Gegensatz zu einer Hegel'schen

8 Ähnlich beschreibt auch Octavio Paz (1914–1998) das Mexikanische als eine einsame Seinsweise, die sich weder mit den Einheimischen noch mit den Kolonialisten identifizieren lässt. Stattdessen entspringt die mexikanische Befindlichkeit aus der Gewalt der Kolonialisierung, die er aufgrund historischer Ereignisse als eine Vergewaltigung bezeichnet, und manifestiert sich als ein Gefühl von Ursprungslosigkeit (Paz 1998).

dialektischen Bewegung[9] beschreibt Uranga das Mexikanische als ein kontinuierliches Hin und Her, das keine Zuflucht in eine höhere, breitere oder stabilere logische Sphäre hat (Sánchez 2016, 69). Dies bringt Uranga zum Begriff *nepantla*, einem Nahuatl-Wort, das einen Zustand von In-zwischen-Sein bedeutet. Nepantla oder die stetige Unbestimmtheit eines Subjekts ist Uranga zufolge das, worin das Mexikanische besteht.

Gegen Uranga behauptet aber Hurtado (1994), dass das In-zwischen-Sein kein allgemein ontologisches, sondern ein kulturell-lokales Merkmal sei, das nicht als Definition für alle MexikanerInnen verwendet werden könne. Urangas Beschreibung bezieht sich eher auf die Figur der MexikanerInnen aus Mexikos *Altiplano*-Region in Hurtados Auslegung. Diese Beschreibung zu verallgemeinern, führt Hurtado zufolge zum Verständnis Mexikos als einer uniformen Makrokultur, die die inneren regionalen und mikrokulturellen Differenzen versäumt. Weiterhin kritisiert er, dass Uranga – so wie Portilla oder auch Zea – aus einem individuell-psychologischen Erlebnis der Kontingenz das Wesen der Mexikanität und weiter das Wesen der Menschheit abzuleiten versuche, was ein methodologischer Fehler sei. Dagegen kann mit Sánchez (2008; 2016) behauptet werden, dass Uranga nicht am Wesen der Mexikanität – als eine nivellierende Allgemeinheit verstanden – interessiert sei, sondern an einer Seinsweise, die in marginalisierten Subjekten am besten zu beobachten sei. Weiterhin wird der Begriff des Wesens schon mit Heidegger und Sartre – den größten Einflüssen auf Urangas Denken – entkräftet (Noetzel 1999). Für Heidegger hat nämlich der Mensch kein unterliegendes Wesen, das die verschiedenen Attribute des Menschen zu tragen hat, sondern das sogenannte Wesen der Menschen besteht in ihren jeweiligen Seinsweisen.[10] Diese Seinsweisen werden von Sartre

9 Wobei die Spannung zwischen zwei gegenteiligen Bestimmungen zu einer anderen, höheren Bestimmung führt, die die früheren Bestimmungen aufhebt, in sich einschreibt und dabei bereichert.

10 »Das ›*Wesen*‹ des Daseins liegt in seiner Existenz. Die an diesem Seienden her-

als bestimmte Situationen gedacht, in welchen das Subjekt seine Erfahrung entfaltet. Die grundlegende authentische Situation ist weiterhin für Sartre die Situation der Inauthentizität, nämlich eine Situation, in der dem Subjekt bewusst wird, dass es keinen absoluten Grund seiner Existenz gibt. Aus konkreten Erlebnissen versucht Uranga, wie Sartre, nicht die Menschheit als ein einförmiges Wesen zu beschreiben, sondern er beabsichtigt umgekehrt, zu beschreiben, dass das authentische Wesen bloß als Unbestimmtheit, als In-zwischen-Sein gedacht werden kann. Dies versagt den Anspruch auf absolute Identitäten und bahnt den Weg für eine pluralistische Ontologie. Die für ein solches Unternehmen geeignete Methodologie ist nach Uranga die phänomenologische Analyse eines Konkreten, und zwar die mexikanische Erfahrung, welche neue ontologische Attribute des Daseins zutage bringen kann, die zugleich die ontologische Struktur des In-zwischen-Seins manifestieren.

Aus dem In-zwischen-Sein deduziert Uranga drei Attribute, welche nicht nur das Mexikanische bezeichnen, sondern auch das Menschliche überhaupt (Sánchez 2008) oder, wie der Begriff *nepantla* besagt, gleichzeitig universal und konkret, aber nie nur eines von beidem sind: »einerseits [...] universell und ahistorisch und andererseits [...] verwurzelt und umstandsbedingt« (Sánchez 2016, 71).[11] Das Erste ist die Situiertheit des Subjekts, welche ähnlich den Meinungen Heideggers oder Sartres besagt, dass ein Subjekt sich im Verhältnis zu seinen Umständen ko-konstituiert. Zweitens impliziert die Situiertheit auch, dass das Subjekt und seine situierte Identität kontingent sind, indem das Subjekt immer zwischen Identitäten ist, zwischen Sein und Nicht-Sein: »Die Kontingenz ist Zerbrechlichkeit: das

ausstellbaren Charaktere sind daher nicht vorhandene ›Eigenschaften‹ eines so und so ›aussehenden‹ vorhandenen Seienden, sondern je ihm mögliche Weisen zu sein und nur das« (Heidegger 1927, 42; Hervorh. dort).

11 Im Original: »on the one hand, [...] universal and ahistorical and, on the other, [...] rooted and circumstantial« (eigene Übersetzung).

Oszillieren zwischen dem Sein und dem Nichts« (Uranga 2013, pos. 764).[12] Drittens folgt aus der Kontingenz des Subjekts auch, dass es endlich und begrenzt in seinen Seinsmöglichkeiten ist, was nach Uranga am sichtbarsten in der Figur des marginalisierten, unterdrückten, kolonisierten Menschen ist, der sich immer weniger als Mensch fühlt als der »zivilisierte« Europäer. Konfrontiert mit einem solchen Gefühl, versucht das marginalisierte Subjekt, in das Begehren zu fliehen, ein Anderer, ein Besserer zu sein. Da aber die ontologischen Attribute des Menschseins die Kontingenz und die Endlichkeit sind, ist die Flucht dem Scheitern ausgesetzt. Das Scheitern bringt dann letztlich die ontologische Kontingenz zum Bewusstsein, was weiterhin das Subjekt entweder zu einer nihilistischen Unlust oder zu einem Gefühl von Verantwortlichkeit bringen kann – Verantwortlichkeit gegenüber sich selbst, seiner Gemeinschaft und seiner Umwelt. Letzteres ist Uranga zufolge vorzuziehen.

Urangas Ontologie ist dementsprechend mehr als eine neutrale Analyse des Seins. Sie ist stark ethisch und politisch geprägt. Sie besagt erstens, dass wegen der Situiertheit, Kontingenz und Begrenztheit aller Subjekte kein Subjekt Vorrang gegenüber anderen haben kann. Vielmehr ist Urangas Ontologie eine pluralistische, die die Mannigfaltigkeit der Seinsweisen verschiedener Kulturen anerkennt (Sánchez 2008). Uranga ist, wie alle Hyperion-DenkerInnen, zweitens dadurch motiviert, in seinem philosophischen Unternehmen einen Raum für MexikanerInnen zu schaffen, in dem sie ihre eigenen Seinsmöglichkeiten zum Tragen bringen können. Die Ontologie Urangas ist dementsprechend zugleich ein politisches Programm, wobei die Seinsautonomie der MexikanerInnen – und im weiteren Sinne aller postkolonialen Kulturen – erstrebt wird: »Jetzt ist die historische und kulturelle Zeit erreicht worden, wo wir beanspruchen, im Einklang mit unserem eige-

12 Im Original: »El accidente es fragilidad: oscilación entre el ser y la nada« (eigene Übersetzung).

nen Sein zu leben; woraus die Notwendigkeit entspringt, die Morphologie und Dynamik des Seins zu reinigen« (Uranga 2013, pos. 443).[13]

In Bezug auf diese Seinsautonomie macht Uranga aber laut Hurtado (1994) auch problematische Aussagen. Uranga führt nämlich aus, dass die Philosophie in Mexiko nur dann eine relevante sein kann, wenn sie der Kontingenz treu bleibt und sich von Imitationen des Fremden reinigt. Hurtado fragt sich zu Recht, ob diese Reinigung nicht eine – und zwar Urangas – Seinsweise privilegiert, während sie andere ausschließt und dabei eher unterdrückend als befreiend ist. Um diesbezüglich eine Antwort zu geben, müssen wir zunächst den Kontext von Urangas Aussagen verstehen und das Objekt der Reinigung identifizieren. Dass Uranga auf dem Eigenen des Mexikanischen besteht, entsteht nicht so sehr aus einem diskriminierenden Nationalismus heraus – wie viele ihm vorgeworfen haben (Hurtado 1994; Michael 1997) –, sondern aus der Beobachtung der historischen Folgen der Versuche, einige »fremde« Ideen unkritisch und bloß mimetisch in Mexiko anzuwenden (Sánchez 2016), wie etwa den importierten politischen und wissenschaftlichen Positivismus des 19. Jahrhunderts, welcher von einigen Denkern, etwa Justo Sierra, als Rechtfertigung der Diktatur von Porfirio Diaz (1830–1915) instrumentalisiert wurde (Hurtado & Sánchez, 2020). Aus solchen Importen folgt laut Uranga ein Aufdrängen fremder Seinsmöglichkeiten gegenüber dem Subjekt, während Urangas Ontologie der Situiertheit, Kontingenz und Endlichkeit das Subjekt dazu zu bringen versucht, seine eigene Seinsmöglichkeit aufzudecken und zu erleben: »Das Sein ist, mein eigenes Sein zu sein« (Uranga 2013, pos. 588).[14] Die Frage bleibt aber noch, ob diese Möglichkeit, das eigene Sein zu sein, wie bei Heidegger nur den wenigen vorbehalten ist, die das Sein und seine Strukturen auch ver-

13 Im Original: »Hemos llegado a esa edad histórica y cultural en que reclamamos vivir de acuerdo con nuestro propio ser y de ahí el imperativo de sacar en limpio la morfología y dinámica de ese ser« (eigene Übersetzung).

14 Im Original: »El ser es un tener que ser mi ser« (eigene Übersetzung).

stehen können, was zu elitären Gesellschaften führen würde (Noetzel 1999). Es wird hier behauptet, dass Urangas Fokus auf der gemeinschaftlichen Entfaltung der Seinsweisen des Subjekts den Gedanken eines elitären Zugangs zum eigenen Sein entschärft. Im Gegensatz zu Heidegger[15] sind nämlich für Uranga das Aufdecken der eigenen Seinsmöglichkeiten und ihre Erfüllung allein in einer Einstellung von Verantwortlichkeit und Gemeinschaftlichkeit möglich. Die Annäherung an die eigenen Seinsmöglichkeiten ist dementsprechend mit dem Bewusstsein der individuellen Begrenztheit verbunden sowie mit der aus Kontingenz und Endlichkeit entsprungenen Idee der Gemeinschaft. Die Gemeinschaft konstituiert sich weiterhin durch die Anerkennung der konkreten Erfordernisse der jeweiligen Situationen verschiedener Subjekte – ein Gedanke, der den meisten Hyperion-VertreterInnen gemeinsam ist, wie wir im Folgenden sehen werden.

JORGE PORTILLA

Während Zea die Hegemonie des Universalen durch eine der faktischen Kontingenz treuen Historizität zu bekämpfen sucht, sieht Portilla in der existenzialistischen Kontingenz eher ein Sprungbrett zu einer Fundierung der Existenz im Gemeinschaftlichen. Portilla baut sein Verständnis des Existenzialismus ausgehend von Sartres philosophischem Roman *Der Ekel*

15 Obwohl für Heidegger die Umwelt einen wesentlichen Teil der Existenz des Daseins bestimmt und das Mit-Sein zu dessen ontologischer Struktur gehört, werden die Welt und die anderen Subjekte ausgehend von der Daseins-Selbstsorge, d. h. der Beschäftigung mit sich selbst, ihren Sinn erhalten. Dies besagt weiterhin, dass das Dasein zunächst sich selbst gegenüber verantwortlich ist, was erst dann die Verantwortlichkeit gegenüber einem Anderen konstituiert (Marion 2007). Siehe auch: »Die Entscheidung für die existentielle Lage berührt jeden einzelnen nur als einzelnen, selbst wenn es um gemeinschaftliche Dinge geht. Der Horizont des Individuums wird nicht überstiegen. Heidegger entwirft damit eine Ethik des heroischen Individuums und nicht der Intersubjektivität« (Noetzel 1999, 111).

auf (Portilla 1948), wo Sartres Hauptfigur Roquentin sich der Kontingenz seiner eigenen Existenz ausgesetzt sieht. Der Roman stellt anhand verschiedener Erlebnisse von Roquentins Leben dar, wie er zum Bewusstsein seiner eigenen Existenz kommt, das sich allmählich und entlang verschiedenen alltäglichen Ereignissen auf die ganze Welt ausbreitet. Dieses Ereignis wird von Roquentin zunächst als ein Schock bezüglich seiner eigenen Nacktheit vor der Welt erlebt, als Scham und Ekel vor der Tatsache, dass nichts absolut ist. In einem zweiten Schritt aber erlebt Roquentin die Kontingenz seiner selbst als reine Freiheit: Wenn es keinen absoluten Grund der Existenz gibt, gibt es auch keine absoluten Gesetze oder Normen. Das Subjekt ist stattdessen der Freiheit als absoluter Kontingenz verpflichtet. Trotzdem bleibt das Subjekt dieser Pflicht oft nicht treu, sondern flieht, wie es auch Uranga beschreibt, in die Idee eines stabilen Grundes der Existenz, sei es Gott, das transzendentale Subjekt, oder irgendeine feste Ordnung der Welt. Solch ein Fliehen ist aber eine bloße erfinderische Reaktion auf die Geworfenheit aller Subjekte, und sie fußt Sartre und Portilla zufolge auf keiner tragfähigen philosophischen Argumentation.

Portilla teilt Sartres Begründung der Geworfenheit und Kontingenz des Subjekts. Er ist aber der Meinung, dass die Kontingenz und die in ihr implizierte reine Freiheit durch einen weiteren Grund erweitert werden soll. Wie die anderen VertreterInnen der Hyperion-Schule ist Portilla durch die Möglichkeit einer gesellschaftlichen Verbesserung motiviert, was uns dabei helfen kann, seine Aneignung des Existenzialismus zu verstehen. Portilla sieht nämlich im Existenzialismus die unabdingbare Anerkennung dessen, dass der Idealismus eines sinnstiftenden Subjekts, welches aufgrund einer von der Natur abgelösten Vernunft Ordnung in der Welt erkennen kann, von der Realität der Kontingenz infrage gestellt wird. Sartres Philosophie sowie die alltägliche Erfahrung zeigten diese Sachlage nämlich auf, so Portilla (Portilla 1948). Zugleich aber hält Portilla die Insistenz des Existenzialismus auf Kontingenz für eine unhaltbare Position. Zum Ersten ist die

Kontingenz in Portillas Auslegung mit der Möglichkeit einer gesellschaftlichen Verbesserung nicht kompatibel. Der Mangel an Sinn in der Welt würde nämlich Individuen von politischen, philosophischen oder kreativen Handlungen abhalten, was wiederum jede Art von Änderung verhindern würde. Diesen Zustand beschreibt Portilla als eine generalisierte »Interesselosigkeit« *(relajo)* (Portilla 1984). Zweitens ist Portilla der Meinung, dass der Ausschluss möglicher Werte aufgrund der Geworfenheit und Kontingenz des Subjekts nicht gerechtfertigt ist. Ihm zufolge zeigt die Gewohnheit bloß auf, dass Menschen endliche Seiende sind. Als endliche Seiende aber können Menschen die Möglichkeit sinnstiftender Werte nicht ausschließen. Vielmehr bringt der Existenzialismus das Subjekt dazu, sich vom Begriff eines Subjekts, das durch seinen Willen und seine Vernunft allein die Welt ordnet und stiftet, zu befreien, um ideologische Werte anzunehmen, die aber den Umständen des Subjekts entspringen und nicht vom Subjekt der Welt aufgedrängt werden:

> »Eine Welt, in der es keine Stabilität und keine Kontrolle gibt, ist für Portilla keine Welt, in der sich der Mensch entfalten kann. Es muss einen Mittelweg geben. […] Portilla findet diesen Mittelweg in einer bestimmten Art von Wert, nämlich einem vitalen Wert, der der individuellen Existenz einen Sinn verleiht, ohne selbst ein Produkt des individuellen Willens zu sein. (Sánchez 2016, 39–40)[16]

Ideologisch kann das Subjekt den *relajo* überwinden, indem es sich der Idee einer Gemeinschaft widmet, welche durch gemeinsame Zwecke und Zu-

16 Im Original: »A world where there is no stability or control is not a world that Portilla finds conducive to any sort of human flourishing. There needs to be a middle ground. […] Portilla finds the middle ground in a certain kind of value, namely, a vital value that gives meaning to individual existence, while not itself being a product of individual will« (eigene Übersetzung).

sammenarbeit zum Gemeinwohl der Gesellschaft beitragen kann. In Portillas Denken kann diese Idee einer Gemeinschaft durch die Idee Gottes erweitert werden, wodurch die Mitglieder der Gemeinschaft den gemeinsamen Zwecken treu bleiben. Zugleich ist die Idee Gottes in Sánchez' Auslegung Portillas die Einführung einer neuzeitlichen Idee der Freiheit als Kontrastfolie zur radikalen Freiheit des Existenzialismus und dementsprechend als eine Kritik an Sartre (Sánchez 2016). Sartre hatte 1946 in seinem Text *Der Existentialismus ist ein Humanismus* (Sartre 2000) eine radikale Form des atheistischen Existenzialismus verteidigt, demzufolge die Nichtexistenz Gottes eine Welt impliziert, in der jedes Individuum absolut frei ist und für seine eigenen Handlungen absolut verantwortlich sein muss. Portilla zufolge ist die radikale Freiheit Sartres zwei Gefahren ausgesetzt: Sie kann die Erfahrung eines Übermaßes an Möglichkeiten sein, die das Subjekt überfordert und es dazu einlädt, den Anspruch auf Handlung aufzugeben und in Passivität zu fliehen; andererseits kann sie als bloß negative Freiheit gelten, die in dem Vermögen besteht, den eigenen Willen uneingeschränkt und ohne Rücksicht auf Konsequenzen zu verwirklichen. Portilla ist aber der Meinung, dass die radikale Freiheit einen normativen Rahmen braucht, innerhalb dessen sich das Subjekt in den unendlichen Handlungsmöglichkeiten orientieren kann und diese zum Zweck eines gemeinschaftlichen Wohlstands ausgeübt werden.

Portillas Philosophie kann dementsprechend als ein Zwischenraum betrachtet werden zwischen dem Existenzialismus, durch den das Subjekt sich seiner Umstände und seiner Kontingenz bewusst wird, und der neuzeitlichen Philosophie, bei der das Subjekt seine Kraft zur Tat innerhalb seiner Umstände neu entdeckt. Dieser duale Charakter der Philosophie entspringt Portilla zufolge der Situation Mexikos – und des postmodernen Subjekts im Allgemeinen –, und als solchermaßen duale kann sie auf die spezifischen Erfordernisse dieser Situation reagieren.

LUIS VILLORO

Das Verständnis der Philosophie als Reaktion auf Situationen wurde von Luis Villoro stark hervorgehoben, der, anders als Uranga, Zea oder Portilla, seine Gedanken nicht ausgehend von Sartres Existenzialismus ausgearbeitet hat, sondern von Søren Kierkegaard (1813–1855), Gabriel Marcel (1889–1973) oder Edmund Husserl (1859–1938) beeinflusst war (Sánchez 2016). Ähnlich den anderen Hyperion-Mitgliedern hält Villoro es für nötig, dass Philosophie zum Konkreten zurückkehrt, was nur durch Existenzialismus möglich sei. Zum Konkreten zurück soll die Philosophie, weil sie selbst von einer Situation hervorgebracht wurde, und nur indem sie diese Situation ernst nimmt, kann sie auf ihren Ruf antworten. Diese situative Ruf-Antwort-Beziehung manifestiert sich als eine transformative Verankerung des Denkens allgemein in eine konkrete Situation. Ähnlich wie de Sousa Santos (2018) oder Santiago Castro-Gómez (2021) ist Villoro also der Meinung, dass Philosophie sich in ihrer Ausübung und unter den Umständen ihrer Praktizierung in etwas Innovatives verwandelt. Für Villoro ist also die bloße Auseinandersetzung mit Klassikern der Philosophie oder mit universalen Ideen aus einer mexikanischen – oder allgemein nicht europäischen – Perspektive schon eine Erweiterung der Philosophie, wobei sie das Universale konkret zu denken versucht. Konfrontiert mit dem Konkreten, kann die Philosophie sowohl in sich selbst als auch in der konkreten Situation neue Strukturen – wie Uranga zu zeigen versucht – oder neue Einstellungen – wie Zea oder Portilla behaupten – entdecken:

> »Bei der Manifestation der verschiedenen europäischen Philosophien in den Ländern Amerikas müssen wir immer zwei Aspekte betrachten, die unabdingbare Seiten desselben Phänomens sind: die

> fremden Ideen, die der Denker verwendet, und das Projekt an sich als an seine konkrete Situation gebunden.« (Villoro 1949a, 234)[17]

Villoro sieht in der Philosophie einen unendlichen Dialog mit sich selbst, aber auch mit den unendlich veränderlichen Umständen, in welchen Philosophie praktiziert wird. Aufgrund dieser dialogischen Natur aber ist die Philosophie nie imstande, absolute Wahrheiten hervorzubringen. Stattdessen stellt das philosophische Denken situative Wahrheiten dar, die aber dem Fluss umständlicher Veränderung ausgesetzt sind. Daher befinden sich auch die Wahrheiten der Philosophie in einem stetigen Prozess der Veränderung. Das philosophierende Subjekt hat dementsprechend die Aufgabe, die Philosophie selbst stetig zu hinterfragen und sie gemäß den jeweiligen Umständen neu zu denken. Villoros Fokus auf Philosophie als situativer Auslegung oder als Prozess führt ihn aber auch zu einer Form des Existenzialismus, die sich stark von der Philosophie Gaos' unterscheidet. Während Gaos der Meinung ist, dass der Existenzialismus das Subjekt eher zur inneren Reflexion und zu Abstand von der Welt auffordert, hält Villoro diesen Prozess der Reflexion für einen methodischen Zwischenzug, wobei das Subjekt eine situative Aufmerksamkeit erhalten soll, die erst als Basis für transformative Handlungen dient. In diesem Sinne ist Villoro so wie die anderen Hyperion-DenkerInnen von Gaos und seiner Heidegger'schen Philosophie beeinflusst. Zugleich nimmt er von Gaos Abstand, indem er das situative Bewusstsein des Existenzialismus für pragmatische Zwecke instrumentalisiert, und zwar um Veränderung in der konkreten mexikanischen Situation und Gemeinschaft zu bewirken:

17 Im Original: »En la manifestación de las distintas filosofías europeas en tierras de América, debemos considerar siempre dos facetas que pertenecen indisolublemente al mismo fenómeno espiritual: las doctrinas ajenas de que hecha mano el pensador, y el proyecto del mismo, ligado a su situación concreta« (eigene Übersetzung).

> »Veränderung ist dann möglich, wenn die Situation als eine leibliche angesehen wird, was Gemeinschaftlichkeit mit und Anerkennung von anderen situierten Seienden erfordert. Veränderung ist weiterhin dann möglich, wenn die Vernunft entmythisiert und in den Dienst des Lebens gestellt wird. Mit dieser Art Veränderungen wird erst eine echte Zukunft möglich, die nicht unter der Last einer totalisierenden Vergangenheit steht.« (Sánchez 2016, 32)[18]

Ähnlich wie Portilla sieht Villoro die subjektzentrierte Philosophie der Neuzeit in einer Krise, die im Konflikt zwischen den individualistischen Interessen des Subjekts und den Interessen der Gemeinschaft besteht (Beltrán García 2020). Das neuzeitliche Subjekt fühlt sich nämlich nach Villoro von der Aufgabe überfordert, auf Grundlage seiner eigenen Vernunft Sinn in einer anscheinend chaotischen Welt zu stiften. Um dem Gefühl der Überforderung zu entkommen, instrumentalisiert das Subjekt die Vernunft, um seine eigenen Interessen zu verwirklichen. Dies führt aber Villoro zufolge zu einer Entfremdung des Subjekts sowohl der Welt als auch der Gemeinschaft gegenüber. In *Soledad y comunión* (»Einsamkeit und Gemeinschaft«) schlägt Villoro einen Weg aus der Entfremdung vor (Villoro 1949b). Basierend auf Gabriel Marcel führt er aus, dass die Liebe die Kraft habe, die Subjekt-Objekt-Beziehung der Neuzeit, die eine große Rolle bei der Entfremdung spielt, in eine Subjekt-Subjekt-Beziehung umzuwandeln. Während in einer subjektzentrierten Philosophie das Subjekt alles als bloßes Objekt behandelt, das es erkennen und damit in Besitz nehmen kann, findet sich das Subjekt durch die Liebe der Autonomie und Spontaneität eines Anderen ausgesetzt.

18 Im Original: »Transformation is possible when the situation is seen as an embodied situation, requiring communion with and acknowledgment of other situated beings; and transformation is possible when reason is demystified and placed in the service of life. With these transformations a genuine future – one that is not burdened by a totalizing past – becomes possible« (eigene Übersetzung).

Die Konfrontierung mit einem Anderen, das sich den Interessen des individualistischen Subjekts nicht unterwerfen lässt, erweckt im Subjekt eine dialogische Einstellung, die als Basis für die Errichtung einer Gemeinschaft fungiert, in welcher die Gemeininteressen den privaten Interessen vorgezogen werden. Hurtado (2015) macht auf einen begrifflichen Konflikt in Villoros Philosophie aufmerksam, der darin bestehe, dass nach Villoro das individualistische »Ich« durch die Liebe entkräftet wird, was der Gemeinschaft mehr Raum lässt. Zugleich aber erfordern die Liebe und die Gemeinschaft eine Beziehung zwischen zwei autonomen Ich-Subjekten, um einen naiven Kommunitarismus zu vermeiden.

Später wird Villoro diesen Konflikt in *El poder y el valor* (»Macht und Wert«, 1998) und in *El pensamiento moderno* (»Das Denken der Neuzeit«, 2005) mit einem dialektischen Argument zu beseitigen versuchen (Beltrán García 2020). Hier argumentiert er nämlich, dass das Subjekt, ausgehend von seiner Befindlichkeit in einer Gemeinschaft und einer Umwelt, seine Werte konstituiert, aber zugleich das Vermögen einer individuellen Spontaneität behält, wodurch die Werte der Gemeinschaft bewahrt, aber auch kritisch behandelt werden können: »Jedes Ding – der Mensch eingeschlossen – würde an Bedeutung gewinnen, wenn es auf die Verwirklichung höherer Totalitäten ausgerichtet wäre, worin es sich integrieren und völlig entwickeln würde« (Villoro 2005 117).[19] Villoro verwendet dementsprechend den Existenzialismus, um die neuzeitliche Vernunft in der Welt zu situieren und dabei eine gemeinschaftsorientierte Handlungstheorie aufzubauen, in welcher die Vernunft von den Erfordernissen der Gemeinschaft und der Umwelt geleitet wird und zugleich diese Erfordernisse zur Verwirklichung zu bringen hat. Aus der Auseinandersetzung zwischen Existenzialismus und Neuzeit hofft Villoro den Begriff von Vernunft als eines »befreienden Ver-

19 Im Original: »Cada cosa – incluido el hombre – cobraría sentido al estar dirigida a la realización de totalidades superiores, en las cuales se integraría y se realizaría plenamente« (eigene Übersetzung).

mögens« neu zu definieren, das in der Beschäftigung mit konkreten Situationen – wie der Unterdrückung und Diskriminierung von Indigenen in Mexiko – zu epistemischer und gemeinschaftlicher Gerechtigkeit führen soll (Hurtado 2015).

SCHLUSS

Die Philosophie in Mexiko wurde in diesem Kapitel im hermeneutischen Schlüssel eines konkreten Universalen gelesen. Schon im 19. Jahrhundert entsteht in Mexiko durch Martís »Nuestra América«-Artikel das Ideal einer eigenen Philosophie, die sich an die spezifischen Umstände Mexikos anpasst und, ausgehend davon, zur Philosophie überhaupt beitragen kann. In diesem Prozess soll aber die Philosophie nicht nur eine Etablierung des Eigenen in der internationalen Szene sein, sondern auch ein befreiender Prozess, der die während der Kolonialisierung unterdrückten Stimmen zur Sprache bringt. Derselbe Gedanke macht den Kern der Hyperion-Schule aus, einer Gruppe von PhilosophInnen, die unter dem Einfluss von Samuel Ramos und José Gaos die Philosophie in Mexiko zu professionalisieren und als eine eigene zu entwickeln beabsichtigten. Die hier vorgestellten Denker der Hyperion-Schule thematisieren vor allem die Kontingenz der Existenz, die ihnen zufolge eine gewichtige Rolle in der mexikanischen und postkolonialen Erfahrung spielt. Die Kontingenz hat in ihren Werken eine zweifache Bedeutung: Sie bezeichnet zuerst die Sinnlosigkeit einer Identitätsphilosophie und soll, ausgehend davon, den Weg zu einer gemeinschaftsorientierten Philosophie bahnen, wobei kein bestimmter Typus von Subjekt privilegiert werden könne, sondern dieses als ein situiertes Subjekt in einer Pluralität von Gemeinschaften zu verstehen sei. Diese Einstellung manifestiert sich in Leopoldo Zeas Philosophie als eine Pflicht zu lokalen Umständen, woraus gleichwohl allgemeingültige philosophische Aussagen entspringen können. Ähnlich wird das mexikanische Dasein von Emilio Uranga verstanden, dem zufolge das Sein darin besteht, die eigenen, situationell bedingten Seinsmöglichkeiten leben zu können. Die situationelle Bedingtheit der Seinsmöglichkeiten impliziert aber auch für Uranga eine Verantwortlichkeit des Subjekts nicht nur sich selbst gegenüber, sondern auch bezüglich seiner ganzen Umwelt. Das Motiv der Verantwortlichkeit steht auch im Zentrum der Philosophie Jorge Portillas, der dafür argumentiert, dass die Konfrontierung mit der Kontingenz nicht zur reinen Passivität als Interesselosigkeit führen soll, sondern vielmehr das vernünftige Subjekt dazu auffordert, seine Vernunft und Freiheit der Aufbewahrung oder, wenn nötig, der Revidierung der gemeinschaftlichen Werte, ausgehend von den lokalen Umständen, zu widmen. Ähnlich wie Portilla ist schließlich auch Luis Villoro der Meinung, dass die Vernunft der Verbesserung der lokalen Situationen dienen soll, wobei eine inklusive und faire Gemeinschaft zustande kommen kann.

Wir haben aber auch mit Hurtado (1994) gesehen, dass der Fokus der mexikanischen Philosophie auf dem Lokalen, auf dem Eigenen auch zu ideologischen Zwecken instrumentalisiert werden kann. Wenn nämlich die Philosophie des Eigenen als eine essenzialistische verstanden wird, wobei alle individuellen und kulturellen Unterschiede auf ein uniformisierendes Wesen reduziert werden, kann die Philosophie des Eigenen eher eine unterdrückende sein. Darauf haben wir mit Sánchez (2008; 2016) gekontert, dass die DenkerInnen der Hyperion-Schule einer existenzialistisch-phänomenologischen Methode folgen, keiner essenzialistischen. Dementsprechend versucht die Philosophie des Eigenen nicht, das situativ Spezifische zum uniformisierenden Allgemeinen zu machen, sondern vielmehr die Hegemonie des Universalen zu mildern. Dabei war das Erreichen einer Pluralität von konkreten Perspektiven im Dialog miteinander beabsichtigt, welche sowohl die Relevanz des Konkreten für allgemeingültige Ideen als auch die Möglichkeit einer konkreten Anwendung solcher Ideen begründet. Die Debatte über die Gefahr und das Potenzial einer mexikanischen und lateinamerikanischen

Philosophie erfordert jedoch weitere Forschung – ein Zweck, für welchen dieser Band den Weg im deutschsprachigen Raum zu eröffnen hofft.

LITERATURVERZEICHNIS

Beltrán García, Iver A. (2020): »Luis Villoro, el desafío de una nueva comunidad y las tareas de la razón crítica«. In: *Ideas y Valores* 69 (173), 103–122. doi:10.15446/ideasyvalores.v69n173.67154.

Castro-Gómez, Santiago (2021): *Critique of Latin American Reason.* [New York]: Columbia University Press.

Heidegger, Martin (1927): *Sein und Zeit.* Halle: Niemeyer.

Hurtado, Guillermo (1994): »Dos mitos de la mexicanidad«. In: *Revista de Filosofía DIÁNOIA* (40): 263. doi:10.22201/iifs.18704913e.1994.40.555.

Hurtado, Guillermo (2015): »Portraits of Luis Villoro«. In: *The American Philosophical Association Newsletter on Hispanic/Latino Issues in Philosophy,* September.

Hurtado, Guillermo & Sánchez Jr., Robert Eli (2020): »Philosophy in Mexico«. In: *The Stanford Encyclopedia of Philosophy* (Winter 2020 Edition), ed.: Edward N. Zalta, URL: https://plato.stanford.edu/archives/win2020/entries/philosophy-mexico/ [Zugriff: 14.06.2023, 12.30 Uhr].

Marion, Jean-Luc (2007): »La substitution et la solicitude«. In: *Pardès* 42 (1), 123. doi:10.3917/parde.042.0123.

Martí, José (2002): *Nuestra América.* Guadalajara: Universidad de Guadalajara.

Michael, Christopher Domínguez (1997): »¿El existencialismo fue un relajo?« In: *Tinta Seca* 25, 7–10.

Nancy, Jean-Luc (2000): *Being Singular Plural (Meridian: Crossing Aesthetics).* Stanford, Calif.: Stanford University Press.

Noetzel, Thomas (1999): *Authentizität als politisches Problem. Ein Beitrag* *zur Theoriegeschichte der Legitimation politischer Ordnung.* Berlin: Akademie Verlag (= Politische Ideen, Bd. 9).

Paz, Octavio (1998): *Das Labyrinth der Einsamkeit. Essay.* Frankfurt am Main: Suhrkamp.

Portilla, Jorge (1948): »La náusea y el Humanismo«. In: *Filosofía y Letras: Revista de La Facultad de Filosofía y Letras*, Januar.

Portilla, Jorge (1984): *Fenomenología del relajo y otros ensayos.* México, D. F.: Fondo de Cultura Económica.

Ramos, Samuel (2001): *El perfil del hombre y la cultura en México.* Ciudad de México: Editorial Planeta Mexicana.

Sánchez, Carlos Alberto (2008): »Heidegger in Mexico: Emilio Uranga's ontological hermeneutics«. In: *Continental Philosophy Review* 41 (4), 441–461. doi:10.1007/s11007-008-9090-9.

Sánchez, Carlos Alberto (2016): *Contingency and Commitment: Mexican Existentialism and the Place of Philosophy (SUNY Series in Latin American and Iberian Thought and Culture).* Albany: SUNY Press.

Santos, Boaventura de Sousa (2018): *Epistemologien des Südens. Gegen die Hegemonie des westlichen Denkens.* Münster: Unrast.

Sartre, Jean-Paul (1982): *Der Ekel. Roman.* Reinbek bei Hamburg: Rowohlt.

Sartre, Jean-Paul (2000): *Der Existentialismus ist ein Humanismus und andere philosophische Essays 1943–1948.* Reinbek bei Hamburg: Rowohlt.

Uranga, Emilio (1984): »Maurice Merleau-Ponty: Fenomenología y existencialismo«. In: *Filosofía y Letras: Revista de La Facultad de Filosofía y Letras*, Januar.

Uranga, Emilio (2013): *Análisis del ser del mexicano y otros escritos sobre la filosofía de lo mexicano (1949–1952).* Primera edición. México, D. F.: Bonilla Artigas Editores.

Villoro, Luis (1949a): »Génesis y proyecto del existencialismo en México«. In: *Filosofía y Letras: Revista de La Facultad de Filosofía y Letras.*

Villoro, Luis (1949b): »Soledad y comunión«. In: *Filosofía y Letras: Revista de La Facultad de Filosofía y Letras.*

Villoro, Luis (1998): *El poder y el valor. Fundamentos de una ética política.* Tezontle: Fondo de Cultura Económica.

Villoro, Luis (2005): *El pensamiento moderno: Filosofía del Renacimiento.* México, D. F.: Fondo de Cultura Económica.

Zea, Leopoldo (1952): *La filosofía como compromiso y otros ensayos.* Tezontle: Fondo de Cultura Económica.

Zea, Leopoldo (1969): *La filosofía americana como filosofía sin más.* Iztapalapa: Siglo XXI editores.

ZIVILISATION UND BARBAREI: SPANNUNGEN IN DER ARGENTINISCHEN PHILOSOPHIE

FERNANDO WIRTZ

Die Identität Lateinamerikas ist ein komplexer Begriff. Was ist »Lateinamerika«? Was ist das Charakteristische Lateinamerikas? Als die verschiedenen europäischen Kolonien auf ihre Unabhängigkeit zu drängen begannen, übernahmen ihre Intellektuellen die Aufgabe, über deren eigene Identität nachzudenken. Dieser Unabhängigkeitsprozess ging mit dem Untergang der großen Imperien in Europa und der Entstehung der Nationalstaaten einher. Sogar »Deutschland« als modernes Land ist im 19. Jahrhundert entstanden. Überall auf der Welt stellte sich die Frage nach der nationalen Identität. Was ist peruanisch? Was ist bolivianisch? Was ist argentinisch? Es kann gesagt werden, dass die Formulierung solcher Fragen die Antwort im Voraus verbirgt. Identitäten sind nie etwas Gegebenes, sondern etwas, das historisch konstruiert wird, gerade indem die Frage gestellt wird. In diesem Sinne wagten die Denker, die nach der lateinamerikanischen Identität zu fragen begannen, die ersten Schritte zur Schaffung eines nationalen Bewusstseins.

Die Frage nach der Identität ist aber nicht nur historisch relevant, sondern ist auch zum zentralen Thema in der Philosophie geworden, wie Philosophinnen wie Judith Butler (*1956) und Gayatri Spivak (*1942) dies in ihrem Dialog *Who sings the Nation-State? Language, Politics, Belonging* (2007) zeigen. In diesem Kapitel werden wir das Problem aus der Perspektive verschiedener argentinischer Philosophen analysieren, die versuchten, die Frage nach dem nationalen Wesen zu konturieren. Was bestimmt die »Nationalität«? Geistige, historische oder natürliche Eigenschaften? Im Falle Argentiniens wurde die Identität im Dialog mit dem konstruiert, was man als Barbarei bezeichnen könnte. Dieses nationale Bewusstsein wurde in vielen Fällen auf der Grundlage von Differenzierungen aufgebaut. Wenn wir die Identität von etwas wissen wollen, müssen wir uns auch fragen, was es *nicht ist*. Das Gleiche geschah in vielen Fällen in Lateinamerika.

Die Barbarei symbolisierte natürliche Impulse, das Eingeborene, das Gegenteil von Europa, das sich oft in den Merkmalen der Landschaft manifestierte. In der Geschichte der Philosophie haben viele Denker – wie etwa Johann Gottfried Herder (1744–1803) oder Tetsurō Watsuji (1889–1960) – versucht, den Einfluss des Klimas auf kulturelle Merkmale nachzuweisen. Während in Europa die nationale Identität oft von der Idee einer einheitlichen, gemeinsamen Kultur, Sprache oder Religion ausging, spielte in Lateinamerika häufig die Landschaft diese Rolle. Im Fall der argentinischen Philosophie war diese Identifizierung problematisch, da die argentinische Landschaft als feindliches Territorium wahrgenommen wurde, das der modernen Zivilisation entgegenstand. Mit anderen Worten: Die Natur erscheint in den lateinamerikanischen Narrativen sowohl als Barbarei als auch als Quelle nationaler Identität (und daher auch als Quelle der Zivilisation). Diese komplexe Dualität ist ein zentraler Aspekt des lateinamerikanischen Denkens. Deshalb werden wir hier die Gedanken von Domingo Faustino Sarmiento (1811–1888), Carlos Astrada (1894–1970), Homero Guglielmini (1903–1968) und Rodolfo Kusch (1922–1979) analysieren, um zu sehen, wie die argentinische Identität als etwas Paradoxes erscheint. »Identität« ist per Definition etwas, das sich selbst entspricht, also A=A. Wir werden jedoch sehen, dass im argentinischen Fall die Identität als etwas voller Spannungen erscheint, d. h. eine ungleiche Identität.

In jüngster Zeit wird die Idee verbreitet, dass Lateinamerika ein Ort sei, an dem Gefühle und Emotionen (das Wilde, das Barbarische) über die Vernunft herrschen, eine Idee, die namentlich im Begriff des Populismus weiterhin zum Ausdruck kommt. Wir werden die Gedanken von Ernesto Laclau (1935–2014) am Ende dieses Kapitels analysieren. Der Identitätsbegriff erscheint hier in Verbindung mit dem Begriff des Volkes. Laclau gehört zu einer vom Poststrukturalismus beeinflussten philosophischen Tradition, die versucht, die Idee der Identität als etwas Monolithisches zu hinterfragen. Wir werden also sehen, dass für Laclau die Identität des »Volkes« etwas ist, das in der politischen Praxis selbst konstruiert wird, und dass das, was als »Barbarei« angesehen wird (die Unfähigkeit des Volkes, sich selbst zu regieren), von Laclau dekonstruiert wird.[1]

ZIVILISATION UND BARBAREI

Domingo Faustino Sarmiento war ein vielseitiger Intellektueller und ein engagierter Politiker, der zwischen 1868 und 1874 Präsident von Argentinien war. Er gehörte zusammen mit Juan Bautista Alberdi (1810–1884) und Esteban Echeverría (1805–1851) zu einer Gruppe von Intellektuellen, die als die »Generation von 1837« bekannt wurde. Dies war eine der ersten Generationen von argentinischen Intellektuellen, die versuchten, systematisch über die Modernisierung des Landes und die Entwicklung demokratischer Institutionen nachzudenken. Sarmiento gilt trotz seines autodidaktischen und eklektischen Hintergrunds als einer der wichtigsten Denker Argentiniens. Sein bekanntestes Werk ist *Facundo ó civilización y barbarie* (»Facundo oder Zivilisation und Barbarei«) von 1845. Der Titel bezieht sich auf Juan Facundo Quiroga (1788–1835), ein militärisches und politisches Mitglied

---

1 Auch wenn es offensichtlich erscheinen mag, ist zu beachten, dass viele der von argentinischen Philosophen verwendeten Begriffe aus heutiger Sicht veraltet und problematisch sein können. Wenn in der Geschichte der Menschheit von »nationalen Charakteren« oder dem »nationalen Geist« die Rede war, wurden sie häufig benutzt, um Xenophobie und Gewalt gegen andere Gruppen zu rechtfertigen. Auf der anderen Seite suchten diese Philosophen den Ankerpunkt der nationalen Identität in einer bestimmten Beziehung zur Landschaft. Die Verknüpfung von Nationalität und Natur ist ebenso problematisch, denn sie impliziert, dass die kulturelle Identität als etwas Gegebenes und Homogenes betrachtet wird. Dies ist jedoch keineswegs die Absicht der argentinischen Philosophen, die aus einer existenzialistischen Perspektive schreiben.

der Bundespartei *(Partido Federal)*, der während der argentinischen Bürgerkriege in den 1820er- und 1830er-Jahren als Gouverneur und »Caudillo« (Heerführer) der Provinz La Rioja amtierte. Sarmiento, der wegen seiner Opposition gegen die Bundespartei ins chilenische Exil gehen musste, setzt mit der Figur von Facundo einen Kontrapunkt zwischen dem, was er »Zivilisation« und »Barbarei« nennt. Für Sarmiento sind Zivilisation und Barbarei keine zwei Entitäten, sondern zwei gegensätzliche Pole, die sich in vielerlei Hinsicht manifestieren (z. B. als Gegensatz zwischen Stadt und Land, Europa und Lateinamerika usw.). Obwohl der Text eine politische und polemische Absicht verfolgt, bietet Sarmiento eine tiefgreifende Analyse der inneren Widersprüche des im Entstehen begriffenen Landes (Argentinien hatte 1816 seine Unabhängigkeit erklärt). Sarmiento stellt in seinem Essay den Gegensatz zwischen Zivilisation und Barbarei in den Mittelpunkt. Dieser Gegensatz umfasst die Spannung zwischen Natur und Kultur, ist aber nicht darauf beschränkt. Es stimmt, dass Sarmiento Zivilisation und Barbarei nicht nur als Gegensatz zwischen Kultur und Natur versteht, sondern vielmehr aus einer aufgeklärten Perspektive der Vernunft gegenüber dem Dogmatismus. Der erste Begriff steht für das aufgeklärte Europa, vor allem Frankreich, die Freiheit, die Stadt und den Geist. Der zweite Begriff steht für das Spanische und das Koloniale, den Despotismus, die rohe Landschaft und die Materie. So entdeckte Sarmiento, dass seine eigene Nation diese widersprüchlichen Elemente in sich trug. Dies ist das Problem, das die »argentinische Sphinx« laut Sarmiento darstellt (Sarmiento 1993, 9). Wie zu erkennen ist, verweist Sarmiento auf zwei Pole, die sowohl kulturell als auch metaphysisch sind. Es ist auch wichtig zu bemerken, dass der Untertitel von Sarmientos Text »Zivilisation *und* Barbarei« lautet, d. h. diese beiden Gegensätze koexistieren, obwohl sie im Konflikt stehen, im argentinischen Land, und das ist es, was Sarmiento faszinierte. Sarmiento zufolge musste Südamerika seine barbarischen Elemente ablegen, insbesondere den vom spanischen Katholizismus vererbten Dogmatismus und despotische Regierungen wie die des Gouverneurs der Provinz Buenos Aires, Juan Manuel de Rosas (1793–1877), und sich die demokratischen Prinzipien zu eigen machen, die seiner Meinung nach die Vereinigten Staaten modernisiert hatten.[2]

Wir werden uns hier nur auf einen Aspekt dieses Gegensatzes konzentrieren, nämlich die Rolle der Landschaft. In dem Text untersucht Sarmiento die Physiognomie Argentiniens, seine Geografie und seine Fauna. In der Tat spiegelt Sarmientos Wahrnehmung der amerikanischen Geografie seine politische Analyse wider. So wurde die Pampa, die flache, eintönige Landschaft, die die Stadt Buenos Aires umgibt, von ihm als Wüste empfunden.

> »Die unermessliche Weite des Landes an seinen äußersten Enden ist völlig unbewohnt, [...] Das Übel, das die argentinische Republik heimsucht, ist ihre Ausdehnung: Die Wüste umgibt sie von allen Seiten und dringt in ihre Eingeweide ein; Einsamkeit, Entvölkerung ohne menschliche Besiedlung sind im Allgemeinen die unbestreitbaren Grenzen zwischen einigen Provinzen und anderen.« (Sarmiento 1993, 23)

Hier beginnt das, was eine »Geografie der Barbarei« genannt werden kann. In der Geschichte der lateinamerikanischen Philosophie ist die Landschaft immer ein komplexer diskursiver Topos gewesen. Wie das Barbarische steht die Landschaft für die primitive Natur, für das, was noch nicht zivilisiert wurde. Andererseits ist das Tellurische immer das Gegebene, der Stoff, woraus die lateinamerikanische Identität konstruiert werden muss. Viele lateinamerikanische Intellektuelle nutzten die Landschaft als Metapher für das Nachdenken über nationale Identität. Im Falle Argentiniens hat die Pampa eine herausragende Rolle gespielt.

2 Es lohnt sich vielleicht zu betonen, dass Facundo Quiroga ein authentisches Produkt der Barbarei ist, während Rosas eine negative Synthese einer instrumentellen Rationalität im Dienste des Despotismus darstellt.

LA PAMPA ALS INKARNATION DES NATIONALEN WESENS BEI CARLOS ASTRADA

Zu Beginn des 20. Jahrhunderts entwickelte sich Argentinien zu einer florierenden Rohstoffnation. Der Zustrom aus Spanien, Italien, Deutschland und anderen europäischen Ländern hatte eine interessante kulturelle Mischung geschaffen. Die Modernisierung, der Ausbau und die Reform der Universitäten ermöglichten auch eine vertiefte Rezeption der europäischen Philosophie jener Zeit. Viele argentinische Philosophen waren begierig auf neue Ideen. Phänomenologie und Existenzialismus waren zwei der wichtigsten Strömungen dieser Zeit, und Carlos Astrada war ein großer Verbreiter dieser Strömungen in Argentinien. Im Jahr 1927 erhielt er ein Stipendium für ein vierjähriges Studium in Deutschland. Dort besuchte er die Vorlesungen von Max Scheler (1874–1928) und Martin Heidegger (1889–1976) und wurde beider Schüler. Nach seiner Rückkehr machte sich Astrada daran, ein existenzialistisches Denken zu entwickeln, das den Besonderheiten der argentinischen Situation Rechnung tragen sollte.

Wie der mexikanische ging auch der argentinische Existenzialismus von der allgemeinen Prämisse aus, dass die »argentinische Identität« nicht etwas ist, das man von Ewigkeit her erhält, sondern etwas, das man selbst konstruieren und erlangen muss. Wenn es einen nationalen Geist gibt, kann er weder als metaphysische Entität noch als rassisches Konstrukt verstanden werden, da dies dem Existenzialismus zuwiderlaufen würde. Die Identität muss vielmehr als eine situierte Lebenseinstellung verstanden werden. Astrada formuliert es folgendermaßen:

> »Eine Nation ist nicht das Ergebnis eines physischen Prozesses, sondern wird durch ein historisches und geistiges Ereignis geboren und steht unter dem Ruf eines zu erfüllenden Schicksals, einer zu erfüllenden Mission. Jede echte historische Schöpfung bringt

> eine wesentliche Seelenstruktur zum Leben, die auf eine bestimmte Form des menschlichen Zusammenlebens reagiert.« (Astrada 1948, i)

Der von Astrada genannte »Ruf des Schicksals“ drückt sich in einer Art »Voluntarismus« aus. Dieser Voluntarismus zeigte sich auch in der Fähigkeit, mit der Vergangenheit zu brechen, die, wie im Falle Sarmientos, von Spanien repräsentiert wurde:

> »Amerika wird nie ein neues Spanien sein. Die gesamte Bevölkerung der Halbinsel könnte in sie hineingestopft werden, ohne dass dies ihre Einheit verändert. Der Geist, diese Kraft, die in ihrem Unwillen den Verfall des fanatischen und absolutistischen Spaniens herbeiführte, ist unerbittlich getrennt. In der Neuen Welt wird die Zivilisation der Freiheit, die im Widerspruch zu dem vom Christentum vor zwanzig Jahrhunderten auferlegten Dogma des Gehorsams steht, wiederhergestellt werden.« (Astrada 1948, iii)

Astrada zufolge ist die Identität Argentiniens durch die Verwirklichung des eigenen Willens zu konstruieren, was für ihn eine revolutionäre und transformative Einstellung impliziert. Trotzdem: Nur weil der nationale Geist etwas ist, das durch den Willen eines Volkes nutzbar gemacht werden kann, heißt das nicht, dass die Umwelt keinen Einfluss auf die Eigenschaften dieser Nation hat. Hier kommt die Landschaft der Pampa ins Spiel. Für Astrada ist die Pampa der Schauplatz, an dem der Akteur (das Volk) seine existenzielle Aufgabe erfüllen muss bzw. soll. Die Menschen sind zwar frei, aber die Situation und die Umwelt, in der sie leben, sind es nicht.

> »Der argentinische Mensch, als Mensch der Pampa, ist weder europäisch noch primitiv; seine Existenzform unterscheidet sich

> sowohl von der Existenz der Hochzivilisation der Europäischen als auch von der der Primitiven. Seine Seeleninhalte, die ganz ursprünglich sind, unterscheiden sich von denen der primitiven Existenz; er hat nicht, wie die Seele der Primitiven, von dämonischen Kräften geregelte Beziehungen zur Natur, sondern seine Naturerfahrung löst sich in einer fatalistischen Hingabe an ihre Macht auf. Obwohl er gefühlsmäßig mit der Erde verbunden und Teil des einheimischen Humus *[humus nativo]* ist, kehrt sein Fuß nicht mühelos über das unermessliche Pampa-Gelände zurück, eine tägliche Spur – jene Spur, die der europäische Mensch in seinem vertrauten Umgang mit der Erde, in seinem Hin- und Hergehen, in seinem intimen Handel mit der Furche, in dem sie Teil und Verlängerung seiner Persönlichkeit geworden ist, gezeichnet hat –, sondern sein Gang ist der des dezentrierten Vorübergehenden, der von den Horizonten genährt wird *[su paso es del transeúnte descentrado y sorbido por los horizontes]*. Während die Existenz des Menschen der Pampa ein unsteter Impuls ist, angezogen vom Magneten der Distanz, der Abwesenheit jeglicher Grenze, die seine Ankunft zu einem Aufbruch macht und es ihm schwer macht, zu bleiben und in seinem eigenen Wesen zu ruhen, das sich in der Kontur wiederfindet, gelingt es der europäischen Existenz, sich jederzeit in ihrer heimatlichen Landschaft und in sich selbst zu zentrieren.« (Astrada 1948, 6)

Zunächst fällt auf, dass Astrada den »argentinischen Menschen« als einen Menschen definiert, der weder europäisch noch indigen ist. Was die negative Bewertung der Einheimischen hier bedeutet, wird später erörtert. Für den Moment reicht es aus, festzustellen, dass der Lateinamerikaner hier als ein Mensch zwischen zwei Seinsweisen erscheint. Für Astrada erscheint das Indigene als etwas, das deterministisch mit der Natur verbunden ist.[3] In gewisser Weise – und dies offenbart viele Vorurteile dieser Autoren – wird die »Indigenität« als eine Erweiterung der Natur wahrgenommen. Andererseits ist der »argentinische Mensch« »gefühlsmäßig mit der Erde verbunden«, aber nicht von ihr bestimmt.

Zweitens aber ist das zentrale Element der Landschaft für Astrada die »Distanz«: In der Pampa ist alles weit weg. Das Fehlen von Bergen und großen Wäldern erzeugt das Gefühl der Monotonie. Es ist eine melancholische Landschaft. Astrada ist der Meinung, dass Argentinien ein grenzenloses, unendliches Territorium bietet und daher Angst erzeugt. Dies unterscheidet die argentinische von der europäischen Geografie.

> »Der abendländische Mensch steht zu Beginn des griechischen Denkens den Dingen in ihrer Gesamtheit gegenüber, der Gesamtheit der kosmischen Elemente und dem tellurischen Substrat der ihn umgebenden Welt. Aufmerksam auf seine menschliche Selbstbildung, befragt er sie beharrlich, wie sie sind, und in dieser anhaltenden Befragung gründet er die Wissenschaft und erschafft und poliert den halluzinatorischen Mythos seines eigenen Schicksals neu und haucht ihm seinen Enthusiasmus, seine Inbrunst ein.« (Astrada 1948, 19)

Erinnern wir uns an die Worte Sarmientos: »Das Übel, das die argentinische Republik heimsucht, ist ihre Ausdehnung.« Wo es eine Ausdehnung *(extension)* gibt, ist es schwierig, die Grenze der Dinge zu erkennen. Das Unbegrenzte ist etwas, das sich dem Verstand entzieht. Verglichen mit der Wüste, dem Dschungel oder den gewaltigen Gipfeln Lateinamerikas wirkt

3 Eine ähnliche Position vertritt der Schriftsteller Ezequiel Martínez Estrada (1895–1964) in seinem 1933 erschienenen Werk *Radiografía de la Pampa* (Martínez Estrada 2017).

die europäische Landschaft friedlich und rational. Dieser Gegensatz zwischen dem griechisch-europäischen und dem lateinamerikanischen Kosmos findet sich in ganz ähnlicher Weise in dem Buch *América bifronte* (»Das doppelgesichtige Amerika«) (1961) des argentinischen Philosophen Alberto Caturelli (1927–2016): »Der griechische Mensch betrachtete den Kosmos als seine Heimat, endlich und bekannt. Der amerikanische Mensch sieht den Kosmos als etwas, das ihm nicht angeboren ist, sondern ihn übersteigt [...]; der Amerikaner sieht den Kosmos gerade nicht als ein Objekt; er sieht sich als Teil einer ursprünglichen Natur« (Caturelli 1961, 71).

Die Phänomenologie der amerikanischen Landschaft offenbart das Gefühl der Entfremdung, der Einsamkeit. In Amerika musste noch alles getan werden. Mit anderen Worten: Es gab eine Leere, die gefüllt werden musste. Die amerikanische Identität selbst erschien als Leerstelle. Dies löste eine gewisse Beunruhigung aus. Im Vergleich zu Europa, wo es eine lange kulturelle Tradition, große Städte mit einer etablierten Geschichte und zahlreiche philosophische Schulen gab, gab es in Lateinamerika keine derartig klar definierten Traditionen.[4] Aus diesem Grund scheint die argentinische Identität mit der Leere und der Melancholie verbunden zu sein, d. h., die Identität erscheint als die Sehnsucht nach einer Identität, die es nicht gibt. Sehnsucht ist immer Sehnsucht nach etwas Fehlendem, oft nach etwas, das in der Vergangenheit liegt. Im Falle Argentiniens erscheint diese Vergangenheit, da sie nicht existiert, als Nostalgie nach dem Nichts.

4 Natürlich gab es indigene Traditionen mit ihren Kulturen und ihren eigenen Philosophien, aber diese wurden von den criollos (d. h. Nachkommen von Europäern) als »leer« empfunden.

HOMERO GUGLIELMINI UND DIE LATEINAMERIKANISCHE TECHNIK

Homero Guglielmini ist ein weiterer Denker, der die argentinische Situation von einem philosophischen Standpunkt aus betrachten wollte. Ähnlich wie Astrada versuchte auch Guglielmini, die argentinische Realität aus einer existenzialistischen und phänomenologischen Perspektive zu interpretieren. Guglielmini war nämlich Herausgeber der Zeitschrift *Inicial*, die zwischen 1923 und 1927 erschien und in der sich mehrere Vertreter der »neuen Generation«, wie Miguel Ángel Virasoro (1900–1966), Vicente Fatone (1903–1962), Ángel Vasallo (1902–1978) und Carlos Astrada, zusammenfanden. Eines der Merkmale dieser Generation war ihr Amerikanismus. Im Gegensatz zu Intellektuellen wie Sarmiento und Alberdi versuchten sie nicht mehr, Argentinien nach dem Vorbild Europas oder der Vereinigten Staaten zu denken, sondern das Argentinische und Lateinamerikanische aus sich selbst heraus zu definieren. Wie im Falle Mexikos war die Ablehnung des Positivismus – dort durch die Gruppe »Ateneo de la Juventud« vertreten – ein weiterer gemeinsamer Punkt dieser Intellektuellen. Der Beginn des 20. Jahrhunderts war von einer starken Überzeugung im Hinblick auf den wissenschaftlichen und technischen Fortschritt geprägt. Im Gegensatz dazu – wie wir im Falle Astradas gesehen haben – versuchten diese Denker, die Art und Weise hervorzuheben, in der der Mensch sein eigenes Leben »fühlt«. Um das Beispiel der Pampa noch einmal aufzugreifen, geht es hier nicht darum, die physischen und materiellen Merkmale zu beschreiben, die die Geografie bestimmen, sondern darum, wie die Menschen diese Geografie in ihrer Seele erleben.

In diesem Sinne führt Guglielmini die Ideen von Astrada fort:

> »Ich behaupte, dass es eine spezifische Erfahrung von Zeit und Raum für den Argentinier gibt. Das ist auch nicht verwunderlich, denn Raum und Zeit sind wesentliche Formen menschlicher Er-

> fahrung, wesentliche Kategorien der Existenz und des Weltverständnisses. Und ich behaupte, dass diese Erfahrung nicht dieselbe ist wie die der anderen Gemeinschaften, und noch weniger wie die des Europäers mit seinem übermäßig dichten Raum und seiner geschichtsbelasteten Zeit.

Die charakteristische argentinische Landschaft – die Pampa – ist selbst die reine Form des Raums.

> Dort hat die Geschichte ihren Verkehr nicht wie in der europäischen Landschaft verstopft; dort muss die Geschichte noch gemacht werden, sie muss neu begonnen werden. Das ist es, worum es in der Chronik der Pampa wirklich geht: wie die Leere, das Nichts, der reine Raum der Pampa, die stumme Geografie, zur Geschichte wird, das Physische zum Menschen, das Land zum Territorium.« (Guglielmini 1949, 50)

In diesem Abschnitt vertritt Guglielmini die These, dass es eine kulturell und historisch bedingte raumzeitliche Erfahrung gibt. Ähnlich wie der mexikanische Existenzialismus ist auch der Existenzialismus von Guglielmini situiert. Während aber der mexikanische Existenzialismus über ein zwischen kulturellen Bestimmungen situiertes Subjekt spricht, beschreibt der argentinische Existenzialismus ein Subjekt, das zwischen leeren Räumen situiert ist. Der europäische Raum ist historisch inhaltsreich, während der amerikanische Raum dem Philosophen als ahistorisch erscheint. In diesem Sinne ist er eine Lücke, die gefüllt werden muss. Aus diesem Grund spricht Guglielmini davon, das »Land« in ein »Territorium« zu verwandeln.[5]

5 Natürlich ist diese Sichtweise Guglielminis aus heutiger Sicht eurozentrisch, denn sie reduziert das, was eigentlich einheimisch ist, auf etwas, das keine Geschichte hat.

Guglielmini ist einer der wenigen argentinischen Philosophen seiner Zeit, die über das Problem der Technik geschrieben haben. Die Notwendigkeit, das Land in ein Territorium zu verwandeln, bezieht sich genau auf die Notwendigkeit, die barbarische Weite, von der Sarmiento gesprochen hatte, zu »zivilisieren«, und »zivilisieren« bedeutete »technisieren«. Guglielmini zufolge kann die Technisierung jedoch nicht nur in der Einführung ausländischer Technologie bestehen. Sowohl Astrada als auch Guglielmini sahen in der ungezügelten Technisierung des Westens eine große Gefahr für die Gesellschaft. Die moderne Technologie verschmutzt die Umwelt in den Städten, verwandelt Arbeiter in Automaten, trennt die Menschheit von der Natur und so weiter. Die Einführung fremder Technologien, die für andere Gesellschaften konzipiert wurden, kann nur zu wirtschaftlicher Abhängigkeit führen. Astrada drückt dies folgendermaßen aus:

> »Vor mehr als einem halben Jahrhundert begann für uns (durch das Wirken dieser herrschenden Klassen und ihrer führenden Köpfe) ein neuer Prozess in unserer Geschichte als eines hauptsächlich agrarischen und viehzüchtenden Volkes (eine einseitige Wirtschaft, die durch die kalkulierte Suggestion äußerer Interessen maßlos gesteigert und gefördert wurde), nämlich die Industrialisierung des Landes, die ohne Plan und Methode durchgeführt wurde, und das Korrelat seiner Technisierung in verschiedenen Aspekten und einer deutlichen Zunahme des ausländischen Kapitals, das für produktive Ausbeutungen eingesetzt wurde.« (Astrada 1948, 39)

Aus diesem Grund wird Guglielmini versuchen, die Möglichkeit einer Industrialisierung in Betracht zu ziehen, die eine argentinische »Erfahrung von Zeit und Raum« einbezieht. So wird auch die Möglichkeit einer argentinischen Erfahrung der Technik angenommen. Diese Idee von Guglielmini nimmt die aktuellen Debatten über die Diversifizierung der Technologie vorweg. Technologie wird oft als ein universeller Prozess betrachtet. Man spricht von mehr oder weniger »fortgeschrittenen« Zivilisationen, je nach ihrem Technisierungsgrad. Einige Philosophen wie Yuk Hui (*1985) behaupten, dass man, indem man die »Technologie« als Kriterium nimmt, eigentlich an »westliche Technologie« denke (Hui 2018). Guglielmini scheint etwas Ähnliches zu sagen. Für ihn bestand der Fehler Sarmientos darin, die argentinische Realität in eine zivilisatorische und eine barbarische Zone aufzuteilen und der letzteren jeden Wert abzusprechen. »Die Technik abzutun, indem man sie in die Kategorie einer rein äußerlichen und physischen Tatsache verbannt, weil sie gewöhnlich naiv mit der Materialität von Instrumenten und Werkzeugen identifiziert wird, ist eine Dummheit, die die Bildung einer argentinischen nationalen Realität stark verzögert hat« (Guglielmini 1947, 451). Technik ist also nicht nur etwas Äußerliches und Universelles, sondern ein geistiger Prozess, der in jeder Kultur unterschiedlich verwurzelt ist. In Anlehnung an die Ideen des amerikanischen Denkers Lewis Mumford (1895–1990) argumentiert Guglielmini, dass die argentinische Situation besonders sei. Die Entwicklung der Technik in der europäischen Welt hat drei zentrale Momente durchlaufen: die Eotechnik (primitive Handwerkstechnik), die Paläotechnik (Industrialisierung, Vorherrschaft der Verwendung von Eisen und Kohle) und die Neotechnik (Entwicklung der Elektrizität, der Kommunikationsmittel usw.) (Mumford 2020). Im Gegensatz zu anderen Ländern hat Argentinien keinen Industrialisierungsprozess wie Europa durchlaufen. Aus diesem Grund hat die argentinische Neotechnik eine engere Beziehung zur Natur, die für die Eotechnik charakteristisch ist. Das argentinische »Experiment«, wie Guglielmini es nennt, ist frei von den Untugenden der Mechanisierung und der Entfremdung des Arbeiters und erlaubt es uns, an eine moderne humanistische Technik zu denken, die in der Lage ist, das Materielle mit der Metaphysik zu versöhnen.

RODOLFO KUSCH UND DAS WESEN DES INDIGENEN

Guglielmini legte großen Wert auf den Modernisierungsbedarf Argentiniens und berücksichtigte dabei aktiv die lateinamerikanischen Besonderheiten. Dieser eindeutig politische Diskurs war kein Zufall, sondern wurde stark von der Figur des Präsidenten Juan Domingo Perón (1895–1974) beeinflusst, einer zentralen Figur der argentinischen Geschichte. Der aus dem Militär stammende Perón beteiligte sich 1943 an dem Staatsstreich, der den konservativen Präsidenten Ramón Castillo (1873–1944) stürzte. In seiner Position als Arbeitsminister entwickelte Perón ein Sozialprogramm, das die Unterstützung eines großen Teils der Arbeiterschaft finden sollte. Seine Popularität war so groß, dass Perón die Präsidentschaftswahlen für den Zeitraum 1946–1952 gewann und 1973/1974 wiedergewählt wurde. Es ist hier nicht der Ort, um die komplexe und polemische Figur dieses Politikers zu analysieren, den die einen als autoritär und die anderen als revolutionär bezeichnen. Es genügt zu sagen, dass seine Bedeutung in seiner rhetorischen Fähigkeit lag, die am meisten ausgegrenzten Klassen anzusprechen. Hier taucht eine neue Kategorie auf: die des »Populären« *(lo popular)*.[6] Das *popular* bezieht sich auf das »Volk« *(el pueblo)*. Das »Volk« ist weder die soziale Klasse des Marxismus noch das »Volk« des Faschismus. Der Peronismus hatte einen Gesprächspartner geschaffen, der sowohl die Arbeiter als auch die Ausgeschlossenen, die Bauern und die Indigenen einschloss. Einer der Philosophen, die sich zu diesem neuen politischen Thema äußerten, war Rodolfo Kusch. Kusch, wie Astrada stark von Heidegger beeinflusst, veröffentlichte 1953 sein Buch *La seducción de la barbarie: Análisis herético de un*

6 Es ist interessant zu bemerken, dass Peróns Rhetorik sehr raffiniert war und die intellektuelle Welt faszinierte. Während des Ersten Nationalen Philosophiekongresses, der vom 30. März bis zum 9. April 1949 an der Nationalen Universität von Cuyo stattfand, hielt Perón die Abschlussrede, in der er die Grundlagen seines politischen Programms philosophisch darlegte.

continente mestizo (»Die Verführung der Barbarei: Häretische Analyse eines mestizischen Kontinents«). Es ist klar, dass dieser Titel ein ausdrücklicher Verweis auf das Buch von Sarmiento ist. Anders als Astrada und Guglielmini, die ebenfalls die Spannung zwischen dem »Argentinischen« und dem »Europäischen« thematisiert hatten, ging Kusch noch einen Schritt weiter: »Amerika als Ganzes ist unheilbar gespalten zwischen der Grundwahrheit seiner dämonischen Natur und der fiktiven Wahrheit seiner Städte« (Kusch 2007, 22). Mit anderen Worten: Die Stadt und die Natur, Zivilisation und Barbarei. Weder Astrada noch Guglielmini waren in der Lage, das »Indigene« *(lo indígena)* in ihre Philosophie einzubeziehen. Wenn sie von nationalem Bewusstsein sprachen, dann war das immer etwas, das inmitten der »Leere« der Pampa entstand. Der Einheimische wurde als ein Nichts wahrgenommen und daher ignoriert. Im Gegensatz dazu identifiziert Kusch die »Stadt«, d. h. das Europäische, als Ursache der Spaltung und sucht die Wurzeln des Selbstbewusstseins im Amerikanischen selbst, dem Eingeborenen. So ist der argentinische Mensch »geistig mestizisch *[mestizo]*, weil er gleichzeitig an zwei Realitäten teilhat«, der indigenen und der europäischen (Kusch 2007, 22).

Für Kusch trägt das Amerikanische (Lateinamerikanische) etwas Dämonisches in sich, das er auch das »Pflanzliche« *(lo vegetal)* nennt.

> »Der primitive Überschwang der Landschaft verleiht dem Ganzen eine Färbung, die die Wahrscheinlichkeit einer Bedeutung auf unbestimmte Zeit verschiebt. Sie wird in dem Moment aufrechterhalten, in dem sie zwischen Mensch und Pflanze wählen kann, d. h. zwischen der kategorischen Definition und der umstandsbedingten Definition, und sich für den Umstand, für die Pflanze entscheidet. Sie belässt also die kategorische Definition, den Menschen, als Möglichkeit, als dynamisches Prinzip, das die Statik des Pflanzlichen ausschmückt.« (Kusch 2007, 27)

Das Pflanzenwesen ist ein ambivalentes Wesen, ein Wesen, das das Menschliche als Möglichkeit, aber nicht als tatsächliche Realität enthält. Diese Möglichkeit zeigt sich immer wieder als Widerspruch. Kusch ist sich über die Art dieser Opposition nicht immer im Klaren. »Die Feindseligkeit des Kosmos, die sich in der Landschaft niederschlägt, trennt die Emotion der Geometrie, die Moral und den schöpferischen *élan* [Schwung] der Kultur einerseits von der technischen Durchdringung der Natur andererseits, ohne dass ein gemeinsamer, dialektischer Geist die beiden versöhnt« (Kusch 2007, 32). Einerseits sei der Gegensatz ein Produkt der Abstraktion der kolonialen Mentalität. Allerdings, und das ist der Hauptpunkt für Kusch, ist die Ambivalenz etwas, das dem Amerikaner eigen ist. Ein Symbol dafür findet Kusch in der mythologischen Figur des Quetzalcoatl, der gefiederten Schlange. Bei Quetzalcoatl sind Himmel und Erde (der Vogel und die Schlange) in der gleichen Gestalt vereint, aber nicht versöhnt. Dies wird als *mestizaje* bezeichnet. Die Begriffe *mestizo/a* und *mestizaje* werden im Spanischen verwendet, um die Nachkommen multiethnischer Beziehungen, insbesondere zwischen Europäern und indigenen Völkern, zu beschreiben. Kusch verwendet das Wort in einem allgemeineren Sinn, um diese ambivalente lateinamerikanische Seinsweise zu bezeichnen. Kuschs Neuerung besteht darin, zu argumentieren, dass die *mestizaje* ein Element ist, das den amerikanischen Indigenen selbst eigen ist. Mit anderen Worten, die *mestizaje* ist für Kusch nicht etwas, das nur zur Mischung des Europäischen und des Amerikanischen gehört, sondern das Amerikanische selbst ist metaphysisch etwas *mestizo*.[7]

Für Kusch stellt die amerikanische Stadt ein Paradoxon dar, weil sie versucht, diese inhärente Ambivalenz zu verbergen. Die Bewohner der Stadt (und Kusch spricht vor allem von argentinischen Intellektuellen) scheinen

7 Der *mestizaje*-Begriff könnte mit Urangas *nepantla*-Begriff verglichen werden, der im Kapitel über den mexikanischen Existenzialismus behandelt wird.

ihre *mestizaje* zu verleugnen. Diese Idee wird sich in Kuschs späterem Denken allmählich entwickeln. Die Indigenen werden nicht mehr nur als dämonisch definiert, sondern sie zeigen für Kusch nun eine alternative Lebensweise, die den europäischen Industrialismus überwinden kann. In dem Buch *Indios, porteños y dioses* (»Indianer, Porteños und Götter«)[8] (1966) kann man diesen Paradigmenwechsel nachvollziehen: »Umfasst die Weltanschauung, die die Mittelschicht als universelle Lebensweise in diesem 20. Jahrhundert mit seinen Marxisten und Demokraten vertritt, wirklich alle Probleme?« (Kusch 2007, 311–312). Kusch ist sich seiner privilegierten Stellung als Nachfahre von Europäern durchaus bewusst. »Und wir, die wir uns als Einwanderer und Weiße betrachten [...], [können] an nichts anderes denken, als die Indianer und die Mestizen im Namen der Demokratie oder des Sozialismus in Sklaven unserer Industriegesellschaft zu verwandeln« (Kusch 2007, 315). Spivak zufolge hat die Geschichte der Philosophie gezeigt, dass das Sicheinsetzen für Minderheiten – d. h. das »Sprechen im Namen« von Minderheitengruppen – Gefahr läuft, deren Bedürfnisse im Sinne der vorherrschenden Mehrheitsmeinung zu interpretieren; selbst wenn es darum gehe, diesen Minderheiten Rechte zu gewähren. Es ist jedoch wichtig zu erkennen, dass es immer etwas gibt, das sich der Interpretation widersetzt. Immer wenn versucht wird, eine andere Kultur oder sogar eine andere Person zu interpretieren, wird es etwas geben, das nicht oder nur falsch interpretiert werden kann. Laut Kusch kann es selbst in solchen Fällen, in denen wohlmeinende Versuche unternommen werden, europäische demokratische Werte auf eine indigene Gesellschaft anzuwenden, ohne deren eigene Werte zu berücksichtigen, zu negativen Auswirkungen kommen. Es scheint etwas zu geben, das sich dem Verständnis der Stadtbewohner widersetzt, etwas, das Kusch »estar« nennt. Im Spanischen gibt es einen Unterschied zwischen

8 *Porteños* ist ein Wort, das sich auf die Einwohner von Buenos Aires bezieht. Es kommt von *puerto*, das »Hafen« bedeutet (da die Stadt Buenos Aires einen sehr wichtigen Handelszugang zum Rio de la Plata hat).

dem Verb *ser* (»sein«) und *estar*. Im Englischen sagen wir »I am sad« und im Deutschen »Ich bin traurig«. Auf Spanisch sagen wir »estoy triste«. *Estar* ist ein situatives Verb. Es kann sich auf ein »Sein« an einem Ort beziehen (»Ich bin in der Wüste«) oder auf ein geistiges »Sein«. Im Gegensatz zum europäischen »Sein« ist das *estar*, so Kusch, situativ und an das Land gebunden. Die europäische Person »*ist* jemand« *(es alguien)*, während die indigene Person »sich selbst sein lässt« *(se deja estar)*. Mit anderen Worten: Die Philosophie des Seins scheint einen standardisierten, objektiven Inhalt zu verlangen, eine Definition der eigenen Identität, den Imperativ des modernen Menschen, »jemand zu sein«. Im Gegensatz dazu *ist* der »Indianer« *einfach da*, er *bewohnt* den Ort. Es ist dieses Element des Indigenen und des Volkes, das als politischer Kern des Peronismus fungierte, so Kusch.

POLITIK UND BARBAREI

Wir haben gesehen, dass alle untersuchten Autoren (Sarmiento, Astrada, Guglielmini und Kusch) etwas gemeinsam haben: (Latein-)Amerika ist ein Gebiet, das sich der Eroberung widersetzt. Konkret sind es in Lateinamerika die hybride Natur, die Landschaft und das Barbarische, die diesen Widerstand hervorbringen. Für Sarmiento ist dieser Widerstand verderblich, er ist ein Widerstand gegen die Zivilisation. Für Kusch ist es ein Widerstand, der eine alternative Lebensweise bietet. Trotz der großen Unterschiede sind sich alle diese Autoren einig, dass Amerika »schwer zu regieren« ist, hier ist eine Kraft, die sich weigert, regiert zu werden. Diese Idee war bereits im 19. Jahrhundert präsent: Die große Ausdehnung, von der Sarmiento sprach, wurde mit den despotischen Regierungen Asiens in Verbindung gebracht, denn nach Sarmiento konnten große Gebiete nur mit Autoritarismus regiert werden. Der Autor, der diese Idee zu Beginn des 20. Jahrhunderts am deutlichsten formulierte, war Carlos Octavio Bunge (1875–1918). In seinem

Buch *Nuestra América* (»Unser Amerika«)[9] – ursprünglich 1903 veröffentlicht – schreibt Bunge:

> »In der kollektiven Faulheit liegt, wie Sie später sehen werden, der erste Grund für alle Laster unseres spanisch-amerikanischen politischen Systems: der Caudillo, der sich durch Vetternwirtschaft und Korruption aufdrängt; der Bürger, der seine Initiative und Verantwortung an ihn delegiert; die Pseudo-Parlamente, Schauplätze elender persönlicher Zwietracht; die großen historischen Lügen, die das Volk akzeptiert, weil es sich nicht die Mühe macht, sie zu studieren.« (Bunge 1918, 172)

Bunge, der von den rassistischen und positivistischen Ideen seiner Zeit beeinflusst war, vertrat die Auffassung, dass die Indianer einen psychologischen Charakter besäßen, der von Passivität und Faulheit geprägt sei. »Welches ist das erste psychologische Merkmal dieser letzteren Völker im Gegensatz zu den Europäern? Zweifellos die Passivität der großen Masse der Menschen, ihre Resignation gegenüber ihrem Schicksal« (Bunge 1918, 123). Aus diesem Grund wandten sich die Völker Bunge zufolge an die regionalen Führer als ihre politischen Führer. Mit anderen Worten: Das Volk, das zu faul und zu passiv war, um die Verantwortung moderner Selbstverwaltungsinstitutionen zu übernehmen, entschied sich, seine Macht an eine autoritäre Figur zu delegieren. Daher rührt die Vorstellung, dass Lateinamerika nur von autoritären Regierungen regiert werden kann, die die demokratischen Institutionen schwächen.

Bunges Meinung ist zwar typisch für das frühe 20. Jahrhundert, aber sie ist auch paradigmatisch für das traditionelle Politikverständnis in La-

9 Nicht zu verwechseln mit dem gleichnamigen Essay von Martí, der im vorherigen Kapitel zitiert wurde.

teinamerika. Was in Argentinien als *caudillismo* bezeichnet wird, hieß anderswo *caciquismo, clientelismo* usw. Alle diese Begriffe deuten auf dasselbe Phänomen hin, nämlich die Sublimierung des Volkes gegenüber einem charismatischen Führer im Austausch für Gefälligkeiten oder oberflächliche Belohnungen. Heute gibt es einen weiteren Begriff, der als Fortsetzung der vorherigen erscheint: »Populismus«. Im folgenden Abschnitt werden wir diesen Begriff etwas genauer analysieren.

ERNESTO LACLAU UND SEINE ANALYSE DES POPULISMUS

Im Deutschen ist der Begriff »Populismus« stark negativ besetzt und steht im Zusammenhang mit dem sogenannten »Rechtspopulismus«. Zu den Hauptmerkmalen des Populismus gehört im Allgemeinen die Anwesenheit eines charismatischen Führers, der diskursiv den Unterschied zwischen einer »Elite« und dem »Volk« herstellt. Diese Form der Führung ist auch mit der Vorherrschaft des Emotionalen gegenüber dem Rationalen und des Willens gegenüber dem Institutionellen verbunden. Hinzu kommt die Kritik an der allzu vagen Ideologie des Populismus. Im Gegensatz zu klassischen modernen Ideologien wie dem Kommunismus oder dem Liberalismus sind viele Populismen schwer zu definieren, da sie oft linke soziale Maßnahmen mit einigen konservativen moralischen Werten kombinieren (siehe Priester 2007, besonders Kapitel 2).

Es stimmt zwar, dass viele »populistische« Regierungen autoritär und reaktionär waren, aber einige lateinamerikanische Erfahrungen zeigen, dass das populistische Phänomen zumindest nicht global homogen ist. Der argentinische Peronismus beispielsweise hat zwar eindeutig populistische Züge (eine charismatische Führungspersönlichkeit, eine zweideutige Ideologie, der Appell an »das Volk« usw.), wurde (und wird) aber auch als eine moderne und innovative Regierung gerechtfertigt, die einen großen Teil der Bevölkerung aus der Armut befreite. Aus diesem Grund haben Philosophen wie Ernesto Laclau versucht, eine alternative Version des Populismus zu entwerfen. Sein Buch trägt mit einer gewissen Ironie den Titel *La razón populista* (»Die populistische Vernunft«) (2005), was bedeutet, dass die populistische Logik nicht rein irrational ist, sondern eine strategische Logik, die darauf abzielt, die »Forderungen« *(demandas)* des Volkes durchzusetzen.

In aller Kürze stellt sich Laclau den Prozess so vor: Denken wir uns eine Migrantengemeinschaft, die sich am Rande einer Stadt niederlässt und ein bestimmtes gemeinsames Problem hat, zum Beispiel den fehlenden Zugang zu Trinkwasser. Wenn sich die Einwohner dieser Gemeinde organisieren, kann die Forderung die Behörden erreichen. Wenn die Behörden das Problem nicht erkennen, kann diese Forderung *(demanda)* mit anderen Forderungen verbunden werden, vielleicht auch von anderen Gemeinschaften (hohe Mietpreise, mangelnde Verkehrsanbindung usw.). Laclau argumentiert: Wenn diese Forderungen zu einer »Kette von Äquivalenzen« zusammenkommen, entsteht der soziale Akteur »Volk« *(el pueblo)*. Das bedeutet, dass das Volk für Laclau keine bereits existierende Entität ist, sondern ein politischer Akteur, der sich diskursiv selbst konstruiert: »Die Position des Volkssubjekts drückt nicht einfach eine außerhalb und vor sich selbst konstituierte Einheit von Forderungen aus, sondern ist das entscheidende Moment bei der Herstellung dieser Einheit« (Laclau 2005, 99). Das Volk wird nicht von außen durch einen »Führer« (bzw. *leader*) oder einen Intellektuellen bestimmt, sondern konstituiert sich selbst, indem es seine Forderungen formuliert. Laclau erklärt, es könne durchaus vorkommen, dass sich das Volk durch einen Führer oder eine Führerin artikuliert. In bestimmten Fällen kann eine führende Figur als leerer Signifikant fungieren, d. h. als eine Art Symbol, mit dem sich verschiedene Gruppen von Menschen mit ihren unterschiedlichen Forderungen identifizieren (sie werden »äquivalent«, um Laclaus Sprache zu verwenden).

Laclau behauptet natürlich nicht, dass alle Populismen gut sind. Was Laclau zu zeigen versucht, ist, dass das Phänomen, das als Populismus bezeichnet wird, komplex ist und nicht unbedingt einen passiven Akteur namens »Volk« impliziert. Im Gegenteil, das Volk ist etwas, das auf der Grundlage der Erfahrungen der Bewohner einer Gemeinschaft entsteht, die sich zur Lösung gemeinsamer Probleme organisieren. Auf diese Weise will Laclau zeigen, dass die oft als populistisch bezeichneten Regierungen Lateinamerikas – wie die von Lula da Silva (*1945), Evo Morales (*1959) oder Néstor Kirchner (1950–2010) – nicht linear analysiert werden können. Diese Führungen, die Elemente von Autoritarismus enthalten können oder auch nicht, seien nicht notwendigerweise »Erbauer« des Volkes, sondern das Volk müsse auch als eine aktive, sich selbst regulierende Bewegung verstanden werden. Es stimmt, dass Laclau nichts über indigene Völker und ihre Konstitution als politische Subjektivität sagt. In diesem Sinne scheint es in der argentinischen Philosophie ein schwebendes Konto zu geben. Die Resignation des Volkes zeigt jedoch einen deutlichen Versuch, die traditionelle Spannung zwischen Zivilisation (Intellektuelle, Herrscher usw.) und Barbarei (Volk) zu überwinden.

EINIGE BEOBACHTUNGEN

Es ist möglich, einige Kontinuitäten in der Geschichte der Philosophie in Argentinien zu erkennen. Der Dualismus von Zivilisation und Barbarei scheint als Motor der philosophischen Reflexion zu fungieren. Sarmiento versucht, die Barbarei endgültig auszurotten; Astrada sieht die Pampa als etwas Unvermeidliches, das die argentinische Subjektivität heimsucht; für Guglielmini ist diese »Barbarei«, dieses leere Land, eine Möglichkeit für Wachstum und technische Entwicklung; für Kusch ist die Barbarei das »Wesen«, das, was die Stadtbewohner nicht verstehen, die Grundlage der lateinamerikanischen Erfahrung. Einer der Hauptstränge zum Problem der

Identität in der argentinischen Philosophie ist die Naturverbundenheit. Das heißt, dass die argentinische Philosophie immer durch ihre Beziehung zur Natur und zur Landschaft bestimmt zu sein scheint. Das ist ein zentraler Punkt, denn er bringt uns dazu, uns in unseren heutigen Gesellschaften zu fragen, welche Beziehung zwischen der Natur und unserer eigenen Identität besteht.

Schließlich bietet Laclau ein aktuelles Beispiel dafür, wie die Spannung zwischen Zivilisation und Barbarei in Form der (europäischen) »Demokratie« und dem (lateinamerikanischen) »Populismus« fortbesteht, und zeigt einen Weg auf, diesen linearen Binarismus zu dekonstruieren. Im Fall von Laclau erscheint der Identitätsbegriff als etwas Begrenztes. Die Identität des Volkes ist performativ, d. h., sie entsteht in dem Maße, in dem sich das Volk selbst als etwas Aktives konstruiert. Die Spannung zwischen Zivilisation und Barbarei zieht sich also durch das gesamte 19. und 20. Jahrhundert und manifestiert sich in verschiedenen Formen. Dies scheint darauf hinzuweisen, dass es sich um einen schwer auflösbaren inneren Widerspruch handelt, der seinen Ursprung in den Gewalterfahrungen der Kolonisierung hat. Diesen Widersprüchen muss jedoch begegnet werden. Wenn diese Autoren uns etwas zeigen, explizit oder implizit, dann, dass der einzige Weg zu einer inneren Versöhnung darin besteht, sich dem Widerspruch zu stellen und die Verantwortung für ein schweres Erbe zu übernehmen. So wird deutlich, dass es in der Barbarei die Zivilisation und in der Zivilisation die Barbarei gibt. Bei kritischer Betrachtung kann die Unfähigkeit dieser Autoren, das Phänomen der Einheimischen zu verstehen, nicht übersehen werden. Das »argentinische Wesen« wird durch die Landschaft verstanden. Die Landschaft wird zu einer Metapher Lateinamerikas. Auf diese Weise entsteht eine Metonymie zwischen dem Lateinamerikanischen und dem Prähistorischen, dem Natürlichen. Diese Metonymie impliziert stillschweigend eine Interpretation des Indigenen als primitiv, die keiner der vorgenannten Autoren aufzulösen vermag. Andererseits stimmt es, dass der Gegensatz zwischen Natur und Kultur, den die von uns untersuchten Autoren implizieren, als ein eurozentrisches Vorurteil interpretiert werden könnte. Wenn sie in der Landschaft nach nationaler Identität suchten, reproduzierten sie damit nicht die Vorurteile, die sie aus Europa übernommen hatten und die sie kritisierten? Diese Problematik hält bis heute an und ist eine der größten Herausforderungen für die lateinamerikanische Philosophie.

In diesem Kapitel haben wir gesehen, wie das Problem der nationalen Identität in der argentinischen Philosophie angegangen wurde. Zusammenfassend lässt sich sagen, dass Identität niemals als etwas Geschlossenes, Reines, völlig Selbstverständliches erscheint. Im Gegenteil, die Identität selbst ist etwas voller Widersprüche. Dies ist eine der wichtigsten Lehren, die wir aus der argentinischen Philosophie ziehen können.

LITERATURVERZEICHNIS

Astrada, Carlos (1948): *El mito gaucho.* Buenos Aires: Ediciones Cruz del Sur.

Bunge, Carlos Octavio (1918): *Nuestra América: Ensayos de psicología social.* Buenos Aires: Casa Vaccaro.

Butler, Judith; Spivak, Gayatri Chakravorty (2015): *Who sings the Nation-state? Language, Politics, Belonging.* London: Seagull Books.

Caturelli, Alberto (1961): *América bifronte.* Buenos Aires: Editorial Troquel.

Guglielmini, Homero (1947): »Hay una experiencia argentina de espacio, tiempo y técnica«. In: Homero Guglielmini (ed.): *Argentina en marcha.* Buenos Aires: Comisión Argentina de Cooperación Intelectual, 424–466.

Guglielmini, Homero (1949): »Dos interpretaciones de la pampa«. In: *Sexto Continente* (1): 9–52.

Hui, Yuk (2018): *The Question Concerning Technology in China. An Essay in Cosmotechnics.* London: Urbanomic.

Kusch, Rodolfo (2007): *Obras completas. Tomo I.* Rosario: Editorial Fundación Ross.

Laclau, Ernesto (2005): *On Populist Reason.* New York: Verso.

Martínez Estrada, Ezequiel (2017): *Radiografía de la pampa.* Buenos Aires: Interzona Editora.

Mumford, Lewis (2020): *Technics and Civilization.* Chicago; London: The University of Chicago Press.

Priester, Karin (2007): *Populismus. Historische und aktuelle Erscheinungsformen.* Frankfurt am Main: Campus.

Sarmiento, Domingo Faustino (1993): *Facundo ó civilización y barbarie en las pampas Argentinas.* Caracas: Biblioteca Ayacucho.

Spivak, Gayatri Chakravorty (2020): *Can the subaltern speak? Postkolonialität und subalterne Artikulation.* Wien; Berlin: Turia + Kant.

Terán, Oscar (2007): *Para leer el Facundo. Civilización y barbarie: Cultura de fricción.* Buenos Aires: Capital intelectual.

DREI LATEINAMERIKANISCHE DENKERINNEN: IVONE GEBARA, SILVIA RIVERA CUSICANQUI UND FRANCESCA GARGALLO[1]

ESTELA FERNÁNDEZ NADAL

In einem Buch mit dem Titel *Mujer y filosofía en el pensamiento iberoamericano. Momentos de una relación difícil* (»Frauen und Philosophie im iberoamerikanischen Denken. Momente einer schwierigen Beziehung«) erklärt und belegt der kubanische Philosoph Fornet-Betancourt ausführlich und fundiert, dass die weibliche führende Rolle in der Philosophie eine lange Vorgeschichte hat, die aber durch die Vorherrschaft der Monochord-Stimme der männlichen Philosophen systematisch ignoriert und zum Schweigen gebracht wurde: einen »männlichen Monolog«, der den Frauen allenfalls Raum gegeben hat, um über sie als Objekte zu sprechen, niemals einen Dialog mit ihnen als Subjekten eröffnete und immer oder fast immer die sexistischen Vorurteile der uns beherrschenden patriarchalischen Kultur, die die systematische Verleugnung des weiblichen Protagonismus in allen Tätig-

1 Ursprünglich veröffentlicht in *Realidad. Revista de Ciencias Sociales y Humanidades*, Nr. 148, 2016, S. 149–167, unter dem Titel »Pensadoras latinoamericanas. Aproximaciones a las filosofías críticas de Ivone Gebara, Silvia Rivera Cusicanqui y Francesca Gargallo« und später im Buch *Recorridos por la filosofía de nuestra América* (Teseo Press, 2019). Zum Zeitpunkt der Übersetzung des Textes ins Deutsche ist anzumerken, dass Francesca Gargallo Celentani am 3. März 2022 im Alter von nur 65 Jahren verstorben ist, als sie in voller intellektueller Blüte stand und sich wie immer enthusiastisch für die Verwirklichung vieler wunderbarer kultureller, sozialer und politischer Projekte zugunsten der Frauen Lateinamerikas und vor allem der am meisten unterdrückten Frauen einsetzte. Ich möchte diesen Text ihrem Andenken widmen. [Dieser Text wurde von Federica González Luna und Fernando Wirtz ins Deutsche übersetzt.]

keitsbereichen und folglich auch im Bereich der Philosophie »normalisiert« (Fornet-Betancourt 2009, 13).

Fornet-Betancourt zeigt, dass diese »schwierige Beziehung« auch anders hätte verlaufen können, da Frauen in Iberoamerika seit Langem um die Anerkennung ihrer entscheidenden intellektuellen Rolle und des Wertes ihrer Beiträge kämpfen. Am Ende seiner Überlegungen zeigt er, dass dieses schwierige Verhältnis von den Frauen selbst verändert wird, indem sie nachdenken und Fragen stellen, indem sie ihr Leben der Konsolidierung verschiedener Strömungen des philosophischen Feminismus widmen oder indem sie relevante Beiträge zur Philosophie des amerikanischen Kontinents leisten, ohne sich unbedingt dem Feminismus anzuschließen.

In meinem Vortrag möchte ich den von Raúl Fornet eingeschlagenen Weg weiterverfolgen und habe daher beschlossen, über drei Frauen zu sprechen, die zentral für das lateinamerikanische Denken sind: die Brasilianerin Ivone Gebara, die Bolivianerin Silvia Rivera Cusicanqui und die italienisch-mexikanische Francesca Gargallo.

Es sollte nicht nötig sein, klarzustellen, dass dies nur drei von vielen anderen weiblichen Denkern bei uns sind, die ebenso wie sie die Anerkennung ihres Platzes in der aktuellen lateinamerikanischen Philosophie verdienen.

IVONE GEBARA: ÖKOFEMINISTISCHE KRITIK DES PATRIARCHATS UND DER WESTLICHEN MODERNE

Ivone Gebara (São Paulo, 1944) ist eine brasilianische Ordensfrau, die mehr als 15 Jahre lang mit dem Erzbischof von Recife, Dom Hélder Câmara, zusammengearbeitet hat, und deren anfängliche intellektuelle und persönliche Bildung zutiefst von der praktischen und theoretischen Erfahrung der Befreiungstheologie geprägt war. In der Folge entwickelte Gebara jedoch auf der Grundlage ihrer Arbeit mit armen Frauen im brasilianischen Nordosten eine besondere Sensibilität für eine Reihe von Dimensionen der weiblichen

Unterwerfung und der Ausbeutung der Natur, die ihrer Meinung nach in den grundlegenden Ansätzen der Befreiungstheologie nicht ausreichend berücksichtigt worden waren.

Von dort aus schlägt sie eine »ökofeministische« Perspektive vor, d. h. einen erkenntnistheoretischen, sozialen und politischen Ansatz, der sich auf das Problem der säkularen Unterwerfung von Frauen und Natur unter die männliche Herrschaft konzentriert. Sie ist zutiefst davon überzeugt, dass es einen Zusammenhang zwischen beiden Formen der Unterwerfung gibt und dass es daher notwendig ist, eine strategische Allianz der Kämpfe für die Veränderung der Beziehungen zwischen Männern und Frauen und für die Veränderung unserer Beziehungen zum Ökosystem zu schaffen.

Obwohl das Patriarchat bekanntlich älter als die Moderne ist, sieht Gebara den Ursprung dieser Form epochaler Rationalität in der Angleichung der Frau an die Natur als Trägerin eines gemeinsamen Wesens (offensichtlich negativer Natur) und als Objekt der Herrschaft. Beide – die Frau und die Natur – wurden mit dunklen, irrationalen Kräften assoziiert, die als ebenso gefährlich wie widerspenstig galten und Stürme und Krankheiten hervorrufen konnten; Frauen und Natur wurden gemeinsam untergeordnet und der Kontrolle der Vernunft unterworfen. Die Solidarität zwischen beiden Herrschaftsformen hätte sich paradigmatisch in der Folterung und Verbrennung von Hexen ausgedrückt, Praktiken, die sich parallel zur Etablierung der wissenschaftlichen Methode entwickelten (Ehrenreich & English 1981).

Die moderne Rationalität brachte also sowohl die Verwandlung der Frau in eine Kraft für die Fortpflanzung der Arbeitskräfte als auch die Verwandlung der Natur in ein Objekt der Herrschaft für das Wachstum des Kapitals hervor. Rund um den Gegensatz von Kultur und Natur, dem eigentlichen Interpretationsschlüssel der westlichen Zivilisation, wurde die Rolle der Frau als Hausfrau neu definiert und den ehelichen Beziehungen und der Familie untergeordnet. Im Gegenzug wurde die Natur, die ihres geheimnisvollen Nimbus beraubt war, durch den männlichen wissenschaftlichen Geist unterworfen.

Es gibt jedoch kein gemeinsames Wesen von Frauen und Natur. Ihre Assimilierung und gemeinsame Unterordnung ist das Produkt bestimmter sozialer und politischer Mechanismen, die sich auf die weiblichen physiologischen Funktionen der Fortpflanzung, des Stillens und der Kinderbetreuung berufen, um den Ausschluss der Frauen aus der Welt der Kultur und der Politik zu rechtfertigen. Diese Assimilierung von Frau und Natur ist das Ergebnis einer Politik, einer Macht, die Frauen als eine soziale Kategorie definiert, die verpflichtet ist, die Kontinuität des täglichen und materiellen Lebens (und oft auch des Überlebens) zu sichern.

Die Ablehnung jeglichen Essenzialismus bedeutet für die brasilianische Philosophin auch die Ablehnung jedes Versuchs, die Frage des Geschlechts zu verabsolutieren und es unabhängig von sozialer Klasse, Rasse oder Ethnizität zu analysieren. Die soziale Organisation der Frauen und die Entwicklung theoretischer Elemente, die ihren Kampf begleiten, sind nicht deshalb gerechtfertigt, weil sie die einzigen Unterdrückten sind, sondern weil ihre Unterdrückung, die sie mit vielen Männern und allen Lebewesen teilen, von diesem System, das auf Hierarchien auf der Grundlage von Geschlecht, Rasse und Klasse beruht, eher akzeptiert und naturalisiert wird. Daher ist der Ökofeminismus eine kritische Position, die mit dem antisexistischen, antirassistischen und antielitären Kampf verbunden ist und davon ausgeht, dass Frauen, indigene und schwarze Menschen die ersten Opfer der systematischen Zerstörung der Natur sind, weil sie die am meisten bedrohten Plätze im Ökosystem besetzen und die Todesgefahr, die das ökologische Ungleichgewicht uns allen auferlegt, am eigenen Leib erfahren.

Diese besondere Vision der modernen Matrix als Generator eines *andro-*, *anthropo-* und *ethnozentrischen* Modells in den Beziehungen von Wissen und Macht wird von Ivone Gebara so ausgedrückt: Es geht darum, »die Zusammenhänge zwischen allen Formen von Unterdrückung und Gewalt, von der Unterdrückung in der Familie bis zur Zerstörung des Planeten«, und zwar in einem Kontext, der der Eroberung der Rechte und der Würde der Frau und der Natur besonders abträglich ist, aufzuzeigen (Gebara 2000, 32).

Diese spezifische soziale Realität bildet das Umfeld von Ivone Gebaras Überlegungen. Ihre Geschichte ist die einer jungen Frau, die in den 1960er-Jahren Nonne wurde, um den Bedürfnissen der armen Bevölkerung ihres Landes nahe zu sein. Genau dieser Kontakt mit den alltäglichen Problemen des Lebens in den Vorstädten im Nordosten Brasiliens, wo Frauen täglich mit der Zerstörung der Umwelt konfrontiert sind, brachte Gebara dazu, einen ökofeministischen Ansatz zu verfolgen. Im Zusammenleben mit ihnen lernte die brasilianische Denkerin den Zusammenhang zwischen der wirtschaftlichen und sozialen Versklavung der Frauen einerseits und der Beherrschung des Bodens durch einige wenige Großgrundbesitzer andererseits kennen. Es liegt auf der Hand, dass diese Sklaverei von vielen Männern geteilt wird, dennoch leiden die Frauen zweifach darunter, denn auf ihren Schultern liegt die Last ihrer Kinder: Sie sind es, die kranke Kinder zum Gesundheitsdienst bringen, die sich um ihre Ernährung kümmern, die nach Alternativen zur Verbesserung der Wasser- und Luftqualität suchen. Das ist die Philosophie von Gebara:

> »Ein Gedanke, der vor allem mit der Welt der Armen, der Hungernden, der Analphabeten, der Landlosen, derjenigen, die auf Böden leben, die mit Giften und nuklearer Strahlung übersät sind, verbunden ist und der darauf abzielt, den heiligen Körper der Erde zu retten.« (Gebara 2000, 32)

Im Gegensatz zum modern-westlichen hierarchischen Realitäts- und Wissensparadigma, dessen sexistische, rassistische und androzentrische Annahmen Gebara widerlegt, postuliert die ökofeministische Perspektive eine ganzheitliche Konzeption der Wirklichkeit, in der Mensch und Natur ein organisches Ganzes bilden und sich gegenseitig bedingen. Gegen den Dualismus zwischen Natur und Kultur warnt der Ökofeminismus, dass das Schicksal der Menschen im Allgemeinen und der Unterdrückten im Besonderen eng mit dem Schicksal der Erde verbunden ist. Daher impliziert jede Gerechtigkeit eine *ökologische Gerechtigkeit*, »denn es gibt kein menschliches Leben ohne die Integrität des Lebens auf dem Planeten« (Gebara 2000, 40).

Für Ivone Gebara spielen die patriarchale Religiosität und die mit ihr verbundene westliche Theologie eine funktionale Rolle, indem sie die bereits erwähnte dichotome, herrschaftsbegründende und instrumentelle Konzeption der Moderne verstärken und vertiefen. Diese um eine hierarchische und dualistische Struktur herum organisierte Religiosität ist geprägt von der Vorstellung der Autonomie und Transzendenz des Schöpfers gegenüber den Geschöpfen und der Behauptung einer *totalen Andersartigkeit* zwischen ihnen. Damit verstärkt sie die moderne Vorstellung von einem Universum, das von der Opposition zwischen Körper und Geist durchzogen ist und in dem Gott auf der Seite des Geistes (zusammen mit den Männern) steht, was zu einer Verachtung der Körper (und der Frauen) führt. Die Natur ist Gott unterworfen und von ihm dem (männlichen) Menschen gegeben, damit der Mensch sie unter seine Herrschaft stellen kann. Diese Religiosität, die immer mit der jeweiligen Machtfigur verbunden war, hat als Komplize an den verschiedenen historischen Formen der Beherrschung der Frauen, der nicht westlichen Kulturen und der unbegrenzten Ausbeutung der natürlichen Ressourcen mitgewirkt.

Diese Kritik erstreckt sich auch auf die Befreiungstheologie, deren Entwicklungen nach Ansicht von Ivone nicht in der Lage waren, die Grenzen einer dualistischen und hierarchischen Konzeption der Wirklichkeit zu überschreiten. Ohne die Bedeutung der »bevorzugten Option für die Armen« als fundamentale theologische Perspektive zu ignorieren, betont die Philosophin die Unfähigkeit der Befreiungstheologie,[2] den erkenntnistheo-

2 Die lateinamerikanische Befreiungstheologie ist eine theologische Strömung, die

retischen Wandel herbeizuführen, der notwendig ist, um ihre anthropozentrischen, androzentrischen und patriarchalischen Annahmen zu überwinden. Für diese Theologen bleibt Gott der Herr, der Schöpfer und Herr der Natur, der seine ontologische Distanz zum menschlichen Leben beibehält. Die Unterscheidung heiliger und profaner Ordnung bleibt bestehen, das Urteil der Geschichte ist von transzendenter Ordnung und durch die Vorrangigkeit der Offenbarung gekennzeichnet (Gebara 2000, 65–69). Sie halten auch an der männlichen Symbolik des Göttlichen fest, ebenso wie an der tiefen Überzeugung, dass nur die eigene religiöse Tradition wahr ist.

Gegenüber dem vereinfachenden und unterdrückenden Dualismus – einem Erbe der modern-westlichen Rationalität, das die Befreiungstheologie nicht revidieren und ausrotten konnte oder wollte – gewinnt die ökofeministische Perspektive die Erfahrung zurück, dass wir in eine Totalität eingetaucht sind, in der wir mit allem, was existiert, sind und existieren. Dies eröffnet uns eine Transzendenz, die sich nicht auf ein Wesen über uns, außerhalb von Zeit und Raum, beschränkt, sondern immanent ist:

> »Unsere Erfahrung zeigt, dass wir in ein ›Ich weiß nicht was‹ eingetaucht sind, in ein Etwas, in dem wir sind und mit allem, was existiert, existieren. Und diese Existenz drückt sich sowohl in der

in den 1960er- und 1970er-Jahren in Lateinamerika entstanden ist. Sie entwickelte sich als Reaktion auf die Unterdrückung und die soziale Ungerechtigkeit, von der die Region seit Jahrhunderten betroffen war. Die Befreiungstheologie basiert auf der Idee, dass Gottes Befreiung ein historischer Prozess ist, der sich in der Welt durch den Kampf für Gerechtigkeit und Freiheit vollzieht. Lateinamerikanische Befreiungstheologen argumentieren, dass der christliche Glaube in politischen und sozialen Begriffen verstanden werden muss und dass die Kirche eine aktive Kraft im Kampf für die Befreiung der Unterdrückten sein muss. Diese Theologie basiert auf der Idee, dass die göttliche Befreiung nicht nur die individuelle Befreiung, sondern auch die soziale und politische Befreiung umfasst. Zu den wichtigsten Theologen dieser Strömung gehören Gustavo Gutiérrez (1928–), Leonardo Boff (1938–) und Jon Sobrino (1938–).

> Verschiedenheit der Wesen als auch in ihrer gegenseitigen Abhängigkeit aus. Dies eröffnet uns eine Transzendenz, die sich nicht auf ein über uns stehendes Wesen beschränkt – das außerhalb von Zeit und Raum wohnt, obwohl es sich in ihnen manifestiert –, sondern eine mehrdimensionale und ambivalente Transzendenz [...]. Dennoch wäre Transzendenz nicht in diesem Sinne ein einzigartiges, unterschiedliches und unabhängiges Wesen, sondern die letzte Wirklichkeit, das, was ist, in dem wir in verschiedenen und unterschiedlichen Dimensionen sind, die von der menschlichen Vernunft nicht vollständig erfasst werden können. Die Transzendenz ist nicht vertikal, wie wir es uns vorzustellen uns angewöhnt haben, sondern vertikal, horizontal, kreisförmig, spiralförmig [...]. Die Transzendenz ist die Dimension des eigentlichen Geheimnisses des Lebens, von der wir nur etwas Vorläufiges sagen können [...], sie ist das Gefühl, zu etwas Größerem zu gehören – einem größeren Gut –, dessen Konturen wir wenig kennen und nicht auszudrücken wissen [...]. Ich möchte die Transzendenz in ihrer ästhetischen Dimension ausdrücken, indem ich von der Schönheit spreche, die uns im Kontakt mit so vielen Wesen und Situationen verzaubert. Transzendenz hat aber auch eine ethische Dimension, die in den Situationen erfahren wird, in denen wir uns bereit erklären, das Gemeinwohl über unsere individualistischen Interessen zu stellen, in den vielfältigen Situationen, in denen das Leben zugunsten anderer Leben ausgesetzt wird.« (Gebara 2000, 136)

Im Bereich der Theologie öffnet sich der Ökofeminismus für die Akzeptanz der Vielfalt, ausgehend von einer Betrachtung der Religion in einer eher existenziellen Perspektive und weniger gebunden an die institutionelle hierarchische Ordnung. Unter diesem Gesichtspunkt schlägt Ivone Gebara den Begriff der »religiösen Biodiversität« vor (Gebara 2000, 124 ff.); sie versucht, die Begrenztheit jeder ausschließenden Sichtweise der Realität und jedes einzelnen und absoluten Anspruchs auf die Konstruktion von Sinn aufzuzeigen, insofern, als jede menschliche Annäherung nur ein Versuch sein kann, der notwendigerweise relativ zu einem historischen, sozialen und räumlichen Kontext des unergründlichen Geheimnisses der Existenz ist.

SILVIA RIVERA CUSICANQUI: MULTITEMPORALITÄT UND INDIGENER WIDERSTAND IN BOLIVIEN

Die bolivianische Soziologin und Aktivistin mit Aymara-Herkunft, Silvia Rivera Cusicanqui (La Paz, 1949), Professorin an der Universidad Mayor de San Andrés, war die Initiatorin des in den 1980er-Jahren in La Paz gegründeten *Taller de Historia Oral Andina* (THOA; »Workshop zur mündlichen Geschichte der Anden«), das auf der Grundlage mündlicher Überlieferungen und Interviews mit Gemeinschaften die Erinnerung an die Kämpfe der bolivianischen Ureinwohner um Territorium und Aymara-Identität in den 1920er-Jahren wiederherstellte und rekonstruierte.

Als Erforscherin der Quechua- und Aymara-Kosmologien sowie des Anarchismus, des Syndikalismus, des Katarismus und des bolivianischen Indianismus hat Silvia Rivera Cusicanqui grundlegende Bücher zum Verständnis der sozialen und kulturellen Prozesse in Bolivien verfasst, von denen wir einige hervorheben möchten: *»Oprimidos pero no vencidos«. Luchas del campesinado aymara y qhichwa 1900–1980* (»Unterdrückt, aber nicht besiegt. Kämpfe der Aymara- und Qhichwa-Bauernschaft, 1900–1980«) (1984); *Violencias (re) encubiertas en Bolivia* ((»Wieder) Verdeckte Gewalt in Bolivien«) (1993); und das jüngste: *Sociología de la imagen. Miradas ch'ixi desde la historia andina* (»Soziologie des Bildes. Ch'ixi-Perspektiven aus der Geschichte der Anden«) (2015), neben vielen anderen.

Obwohl Rivera Cusicanqui, wie bereits erwähnt, Soziologin ist, können ihre theoretischen Beiträge durchaus als philosophisch betrachtet werden, insbesondere im Hinblick auf ihre Auffassung von Zeit, Geschichte und Gedächtnis – ein Aspekt ihres Denkens, den ich hier ansprechen möchte.

Ihre Analysen sind für das lateinamerikanische Denken insofern besonders wertvoll, als sie Probleme aufgreift, die in diesem Wissensbereich ständig präsent sind – wie das Fortbestehen des anglo-eurozentrischen Paradigmas und seiner kolonialistischen Logik –, und sie stellt sich klar der Herausforderung, die notwendige soziale, politische und epistemologische Dekolonisierung unserer Gesellschaften und Akademien herbeizuführen.

Ihre intellektuelle Produktion artikuliert sich rund um die Theorie des *internen Kolonialismus*, die sie auf der Grundlage der Beiträge des mexikanischen Soziologen Pablo González Casanova entwickelt hat, der diese in den Fünfziger- und Sechzigerjahren des letzten Jahrhunderts im Rahmen der Kritik der politischen und wirtschaftlichen Abhängigkeit Lateinamerikas entwickelt hat. Diese Theorie ermöglicht es ihr, eine *Multitemporalität* zu behaupten, in der verschiedene Zeithorizonte oder historische *Zyklen* gleichzeitig existieren und kollektive Erinnerungen von unterschiedlicher Tiefe und Dauer verdichten.

Dieses Zeitverständnis ermöglicht es, den westlichen Gegensatz »traditionell/modern« zu überwinden. Anstelle dieser Dichotomie beobachtet Rivera Cusicanqui in der bolivianischen Gesellschaft die Überlagerung langer, mittlerer und kurzer historischer Zyklen; und es ist diese Überlagerung von Zeitlichkeiten in einem gegebenen historischen Moment, die die Perpetuierung der Folgen der Kolonisierung in verschiedenen Bereichen des bolivianischen Soziallebens bis in die Gegenwart verständlich macht, wobei die Geschlechterbeziehungen sicherlich nicht ausgeschlossen sind, auch wenn ich hier nicht auf die Behandlung durch die Autorin eingehen werde.

Rivera Cusicanqui erklärt die »Vielgestaltigkeit« der heutigen bolivianischen Gesellschaft mit dem Fortbestehen *nicht zeitgemäßer Widersprüche*, die in drei historischen Zyklen von unterschiedlicher Tiefe und Dauer verankert sind: dem kolonialen, dem liberalen und dem populistischen Zyklus.

Der Kolonialzyklus begann 1532 mit der spanischen Kolonisierung. Aufgrund der Art und Weise, wie sie den Aufbau der sozialen Beziehungen und des institutionellen Apparats der bolivianischen Gesellschaft beeinflusst hat, wird sie als langfristige Struktur verstanden, die bis in die Gegenwart reicht. Sie ist mit einem *langen Gedächtnis* verbunden, das die antikolonialen Kämpfe der Eingeborenen hochhält, die in der Figur des Tupak Katari zusammengefasst sind.[3] Sie bildet ein tiefes Substrat, das die Mentalitäten und Formen der heutigen bolivianischen Geselligkeit prägt und sich in den kollektiven Verhaltensweisen manifestiert, die mit der Ethnizität und ihren Konflikten verbunden sind, die auf die koloniale Polarisierung und soziale Hierarchisierung zwischen dem Westen und den Einheimischen zurückgehen, aber als Mechanismen der sozialen Disziplinierung und wirtschaftlichen Ausbeutung bis heute andauern.

Der liberale Zyklus entstand nach der Unabhängigkeit und wurde mit den Institutionen und Ideologien, die mit diesem Prozess einhergingen, gefestigt. Er wird besonders mit den liberalen Reformen des 19. Jahrhunderts in Verbindung gebracht, einer Zeit, in der die Abschaffung der indigenen Gemeinschaft *(ayllu)* durchgesetzt und das Konzept der *Staatsbürgerschaft* verankert wurde, das auf der Idee eines »freien und gleichen Individuums« basiert, das von allen korporativen oder kommunalen Bindungen oder Solidaritäten losgelöst ist und auf das sich die Institutionen der repräsentativen Demokratie stützen sollten. Unter dem republikanischen Banner der formalen Gleichheit für alle verinnerlichte der neue Staat die koloniale Struktur und führte sie als *internen Kolonialismus* fort.

Der populistische Zyklus schließlich, der am kürzesten ist, begann mit

3 Tupak Katari (auch Túpac Catari oder Tupaq Katari) war ein indigener Aymara-Führer in Bolivien im 18. Jahrhundert, der den Widerstand gegen den spanischen Kolonialismus in Bolivien anführte. Er wurde 1750 geboren und 1781 ermordet. Der Katarismo ist eine politische und soziale Bewegung in Bolivien, die auf seinem Erbe aufbaut. Besonders stark war sie in den 1970er-Jahren.

der Nationalen Revolution von 1952 und dauert bis zum heutigen Tag an. Die Autorin nennt diesen politischen Prozess *populistisch*, weil die Massen der indigenen Arbeiter und Bauern seither massiv in die politische Arena eingebunden wurden, vor allem durch das allgemeine Wahlrecht, aber auch durch staatliche, parteipolitische und gewerkschaftliche klientelistische Netzwerke, die den Prozess der kommunalen und ethnischen Entflechtung verstärken (Rivera Cusicanqui 2010, 141). Dieser Zyklus hängt mit dem *kurzen Gedächtnis* zusammen, das im Wesentlichen durch die Agrarreform und die gewerkschaftlichen Erfahrungen geprägt ist, die aus der nach dem Volksaufstand von 1952 auferlegten staatlichen Matrix hervorgegangen sind.

Die drei historischen Zyklen mit ihrer dichten Artikulation von Lang- und Kurzzeitgedächtnissen interagieren in der heutigen bolivianischen Gesellschaft in dem, was die Autorin als eine *multitemporale* Spiralbewegung beschreibt, in der Symbole der Herrschaft, die mit der Rassenhierarchie und dem internen Kolonialismus verbunden sind, fortbestehen, während sie durch neuere Formen der Erinnerung und des Konflikts reaktualisiert werden.

Die Theorie des *internen Kolonialismus*, wie sie von Rivera Cusicanqui verstanden wird, bezieht sich also auf:

> »eine Reihe diachroner Widersprüche von unterschiedlicher Tiefe, die an der Oberfläche der Zeitgenossenschaft auftauchen und so die zeitgenössischen Sphären der Produktionsweisen, der politisch-staatlichen Systeme und der in der kulturellen Homogenität verankerten Ideologien durchqueren« (Rivera Cusicanqui 2010, 37).

Mit anderen Worten: Die verschiedenen Zeithorizonte und die mit ihnen verbundenen Erinnerungen folgen nicht chronologisch aufeinander, sondern interagieren auf der Oberfläche der Gegenwart und erzeugen anhaltende und fortlaufende, *nicht gleichzeitige Widersprüche*. Sie verweisen auf die

gleichzeitige und vielfältige Koexistenz mehrerer historischer Schichten, die alle auf der sozialen Oberfläche der Gegenwart zusammenwirken.
Mit ihren eigenen Worten:

> »Die zentrale Hypothese, von der sich die gesamte Arbeit leiten lässt, ist, dass im heutigen Bolivien ein Herrschaftsmodus zugrunde liegt, der auf einem langjährigen kolonialen Horizont beruht, an den sich die jüngsten Zyklen des Liberalismus und Populismus anlehnen, ohne ihn jedoch zu überwinden oder vollständig zu verändern. Diese neuen Horizonte haben es nur geschafft, die seit Langem bestehenden kolonialen Strukturen zu refunktionalisieren und sie in Modalitäten des internen Kolonialismus umzuwandeln, die nach wie vor von entscheidender Bedeutung sind, um die interne Schichtung der bolivianischen Gesellschaft, ihre grundlegenden sozialen Widersprüche und die spezifischen Mechanismen der Ausgrenzung und Segregation zu erklären, die die politische und staatliche Struktur des Landes kennzeichnen und die den tiefsten und latentesten Formen der strukturellen Gewalt zugrunde liegen.« (Rivera Cusicanqui 2010, 38)

Diese eigentümliche Konzeption der historischen Zeit, die Rivera Cusicanquis Theorie des internen Kolonialismus zugrunde liegt, findet ihre Vorläufer in der Geschichtsauffassung kritischer westlicher Philosophen wie Ernst Bloch (1885–1977) und Walter Benjamin (1892–1940), denen die bolivianische Denkerin eine theoretische Schuld zuweist, aber sie bezieht sich auch – wie Luis Huáscar Antezana (1943–) im »Prolog zur ersten Ausgabe« von *Oprimidos pero no vencidos* anmerkt – auf die Alltagserfahrung und die Kosmovisionen der bolivianischen indigenen Völker, eine Erfahrung, die in dem Aymara-Ausdruck *ñawpaxmanpuni* (zurückschauen ist auch vorwärtsgehen) zusammengefasst ist, der den Puls der andinen Zeitauffassung verdichtet, nach der Vergangenheit und Zukunft in der Gegenwart enthalten sind (Rivera Cusicanqui 1984, 12 und 15).

Die von Silvia Rivera Cusicanqui vorgeschlagenen Kategorien gehen jedoch über die Andenwelt als möglichen Anwendungsbereich hinaus. In der Tat stellen sie höchst suggestive und aufschlussreiche Interpretationswerkzeuge für die Untersuchung und Interpretation der Prozesse des Volksaufstands in unserem Amerika dar, in dem immer eine Sättigung der zeitlichen Dynamik auftritt, wo die Ansprüche der Gegenwart oft als Katalysatoren fungieren, die alte Kämpfe reaktivieren, die sich in Formen des kollektiven Gedächtnisses der Subalternen von langer Dauer artikulieren, deren hartnäckige Beharrlichkeit und Gültigkeit uns trotz des Ablaufs der chronologischen Zeit immer wieder überrascht.

FRANCESCA GARGALLO: ALLE FEMINISTISCHEN STIMMEN UNSERES AMERIKAS ZURÜCKGEWINNEN

Die lateinamerikanische Philosophin und Historikerin Francesca Gargallo wurde 1956 auf Sizilien, in Italien, geboren, ließ sich aber schon in jungen Jahren in Mexiko nieder, wo sie 2022 gestorben ist. Francesca ist nicht nur eine unermüdliche Reisende und produktive Autorin von Romanen und Gedichten gewesen, sondern auch eine anerkannte Spezialistin für den lateinamerikanischen Feminismus, was sich in ihrem enormen theoretisch-kritischen Werk in zahlreichen Artikeln, Notizen und Interviews sowie in zwei grundlegenden Werken widerspiegelt, die eine rigorose und umfangreiche Arbeit von Zusammenstellung, dokumentarischer Analyse und Feldforschung umfassen. Dies sind ihre Bücher: *Ideas feministas latinoamericanas* (»Lateinamerikanische feministische Ideen«) (2004a) und *Feminismos desde Abya Yala. Ideas y proposiciones de 607 pueblos de nuestra América* (»Feminismen aus Abya Yala. Ideen und Vorschläge von 607 Völkern aus unserem Amerika«) (2012).[4]

Das erste enthält eine interessante Genealogie des lateinamerikanischen Feminismus in seiner ständigen Beziehung zu den europäischen und nordamerikanischen Bewegungen, aber auch in seinen spezifischen Merkmalen und Motivationen. Der besondere Wert von *Ideas feministas latinoamericanas* liegt darin, dass es die Wissens- und Machtgeflechte beleuchtet, die bei der Konstruktion jeglichen Wissens immer im Spiel sind, einschließlich desjenigen, das die Wege des lateinamerikanischen Feminismus betrifft, und dass es eine frontale Kritik an der »Mediatisierung« des Kampfes für die Befreiung der Frau durch die akademische Welt mit ihren »Gender«-Studien und ihren »Experten« in öffentlichen Einrichtungen und NROs übt. Dieser »institutionelle« oder »akademische« Feminismus wird von Gargallo scharf infrage gestellt, da er ihrer Meinung nach eher darauf abzielt, Finanzmittel zu erhalten oder einige öffentliche Maßnahmen zu ergreifen, die auf spezifische Veränderungen innerhalb des derzeitigen institutionellen Status abzielen, als das patriarchalische System zu verändern.

Die italienisch-lateinamerikanische Denkerin offenbart ihre Sympathien für den »radikalen« Feminismus. In einem Interview im Jahr 2004, im Rahmen der ersten Veröffentlichung von *Ideas*, argumentiert sie, dass dies die einzige Form des Feminismus sei, die zu einem wirklichen sozialen Wandel beitragen kann, der auf der Kritik der sexistischen Gesellschaft aus einer Position der Autonomie sowohl von der Akademie als auch von der formalen Politik heraus beruht, was sie jedoch nicht daran hindert, die Notwendigkeit anzuerkennen, Brücken zwischen beiden Strömungen des Feminismus zu bauen und bei der Einführung von Veränderungen zusammenzuarbeiten, die von institutionellen Einrichtungen aus erreicht werden können, insbesondere im Hinblick auf die Gewalt gegen Frauen, die eine

4 Beide wurden bereits mehrfach nachgedruckt und sind online verfügbar.

Reihe von sexistischen Verhaltensweisen umfasst, die in den lateinamerikanischen Gesellschaften tief verwurzelt sind und von denen die systematische Tötung von Frauen die extremste Form ist.[5]

In den *Ideas feministas latinoamericanas* wird Gargallos Position deutlich in der Hinsicht, dass die Analyse des Patriarchats im Zusammenhang mit der notwendigen Kritik an der Verwestlichung Amerikas durchzuführen ist, d. h. an den Mechanismen der sozialen Hierarchisierung von Menschen und Wissen, die durch Kolonialismus und Rassismus ab 1492 eingeführt und dann bis heute im Rahmen des Neoliberalismus und der Globalisierung wiederbelebt und refunktionalisiert wurden.

Es ist daher nicht verwunderlich, dass unsere Autorin in ihrem Werk *Feminismos desde Abya Yala* (»Feminismen aus Abya Yala«) eine Wende in ihrem feministischen und lateinamerikanischen Denken und Konzept vollzogen hat, indem sie unseren geografischen und soziokulturellen Raum schon im Titel bei dem Namen nennt, den ihm das Volk der Kuna gegeben hat – und nicht bei dem von den Kolonialherren aufgezwungenen Namen – und indem sie einen entschlossenen Schritt nach vorne macht, um die Vielfalt der Stimmen von Frauen hervorzuheben, die im Allgemeinen vergessen und zum Schweigen gebracht werden und die ihr Denken und ihr transformatives Handeln in der Gemeinschaft der indigenen Völker, zu denen sie gehören, zum Ausdruck bringen. Es sind Stimmen, die im akademischen Feminismus der urbanen Zentren des Kontinents nicht zu hören sind und die andere Motivationen und Dringlichkeiten zum Ausdruck bringen, die, wie Paola Gramaglia sagt, zu anderen Räumen gehören, »wo Ideen zirkulieren […] außerhalb der epistemischen Räume der westlichen Rationalität«, wo eine »Heteroglossie« praktiziert wird:

5 Die Zahl der Frauenmorde steige von Jahr zu Jahr, und nur 1 % werde strafrechtlich verfolgt und geahndet: 99 % der Morde an Frauen im häuslichen und öffentlichen Bereich blieben ungesühnt. »Diese Straflosigkeit ist die Herausforderung für Feministinnen heute«, schließt sie mit Nachdruck (Gargallo Celentani 2004b: 1).

> »In diesem Fall sind es indigene Frauengemeinschaften in Lateinamerika, die sowohl die koloniale Gewalt als auch die Zwischenräume, in denen Frauen Widerstand leisten, rebellieren und ihre eigenen Welten mit ihrer besonderen Wahrnehmung rekonstruieren, im Blick haben.« (Gramaglia 2014, 94)

Indem Francesca Gargallo die große erkenntnistheoretische Herausforderung annimmt, die dies für eine weiße Frau europäischer Herkunft, die »in einer privilegierten Wiege« geboren wurde, bedeutet, stellt sie von Beginn ihrer Arbeit an eine einzigartige Berufung dar, um einen unverfälschten und echten Dialog zu erreichen, der es erfordert, alles infrage zu stellen, was ihre soziokulturelle und sprachliche Position für indigene Gesprächspartner bedeutet, die an offen objektivierende oder erkenntnistheoretisch naive Interpellationen gewöhnt sind, die auf einem Versprechen von Gleichheit beruhen, das niemals natürlich oder aus gutem Willen gegeben wird.

Um diese erkenntnistheoretischen Hindernisse zu überwinden, führte Gargallo zunächst mit der Quiché-Dichterin Maya Cú Choc eine heftige Diskussion über Rassismus und seine vielen Facetten, die zunächst auf persönlicher Ebene ablief, sich aber später im Rahmen eines breiten Netzwerks von Feministinnen in der Region einer allgemeinen Diskussion öffnete. Diese Erfahrung sowie ein anhaltender und intensiver Austausch mit ihrer Freundin Glady Tzul Tzul, einer jungen Quiché-Soziologin, gaben ihr die ersten Werkzeuge in die Hand, um sich mit der notwendigen Revision der unsichtbaren, aber inhärenten Annahmen des angestrebten Austauschs auseinanderzusetzen, die es ihr erlauben würden, ihn im Sinne der Gleichheit der beteiligten Gesprächspartner zu gestalten, ohne jedoch die unvermeidlichen Unterschiede und die Last des jahrhundertelangen Kolonialismus und Rassismus in unserem Amerika zu verbergen oder zu minimieren:

»Als weiße Frau lebe ich, ohne mir der Privilegien bewusst zu sein, die das rassistische System seit meiner Kindheit für mich reserviert hat. Sie sind so verinnerlicht und normalisiert, dass ich sie nicht wahrnehme, und deshalb nehme ich mir das Recht, sie nicht zu erkennen, es sei denn, jemand weist mich darauf hin [...]. Das System der rassistischen Privilegien, das weiße Frauen begünstigt, gibt mir viele Argumente, sie nicht als solche zu erkennen und sie weiterhin zu genießen. Dank ihnen kann ich einen Diskurs führen, den mir die Akademie anbietet, um meine Erfolge als gute Schülerin und fleißige Lehrerin zu rechtfertigen, wobei ich die Möglichkeiten ignoriere, die ich hatte, um sie zu erreichen. Für Maya Cú Choc, eine Queqchi-Frau, ist Rassismus ebenfalls eine alltägliche Situation, die sie mit der gesamten Geschichte Guatemalas und den jüngsten Völkermorden konfrontiert, zuletzt dem von 1982. [...] sie war immer dem Rassismus ausgesetzt, der sich in Niedriglohnghettos (Hausarbeit für ihre Mutter, Bauarbeiten für ihren Vater), marginalisierten Schulen, Diskriminierung beim Zugang zu öffentlichen Dienstleistungen, den Manifestationen institutioneller Gewalt und dem Unglauben an ihre künstlerische Qualität manifestierte. Die Möglichkeit, unter vier Augen über Rassismus zu sprechen und dabei nicht zu verraten, von wo aus wir sprechen, ermöglichte es uns, uns gegenseitig kennenzulernen. Für mich war es vor allem eine Möglichkeit, sie und mich selbst kennenzulernen. Infolgedessen [...] kam ich auf die Idee, dass ich den Ursprung dieses Denkens kennen muss, um zu verstehen, wie indigene Frauen über ihr Frausein denken und wie sie sich ein besseres Leben aufbauen können, ohne ihre Gemeinschaften zu verraten, d. h., ihr Denken entsteht aus: Weltanschauungen, die nicht die der europäischen Tradition sind; aus Subjekten, die nicht notwendigerweise individuell sind, auch wenn sie in Frauen aus Fleisch und Blut personifiziert und verkörpert werden; aus mathematischen Systemen, die nicht dezimal und nicht auf die Vorherrschaft der ungeraden Zahlen ausgerichtet sind; aus dem Widerstand gegen externe Definitionen; aus patriarchalischen Beziehungen, in denen überlieferte Traditionen männlicher Vorherrschaft mit der Frauenfeindlichkeit des Katholizismus und der Gewalt von Eroberung und Kolonisierung verwoben sind, und mit Strategien des Gruppenwiderstands, die der kolonialen Ausbeutung durch die Konzentration von territorialem Eigentum in den Händen männlicher Linien oder durch nicht akzeptierte Rassenmischung entgegentreten.« (Gargallo Celentani 2012, 16–17)

Francesca Gargallos Arbeit begann damit, dass sie ihre eigene Privilegien und als Gegenstück dazu die Verweigerung der Rechte ihrer Gesprächspartner als epistemologisches Problem aufdeckte und sichtbar machte. Es folgten zahllose Treffen und Diskussionen in Foren, an denen schwarze Frauen und Frauen aus verschiedenen indigenen Völkern in Mittelamerika und Mexiko teilnahmen, sowie zahlreiche Lesungen ihrer Schriften und Erklärungen. Diese Reise gipfelte in einer ausgedehnten Reise nach Mittel- und Südamerika im Jahr 2010, auf der zahlreiche indigene Intellektuelle, Aktivistinnen und Verteidigerinnen von Gemeindeterritorien und ihren angestammten Rechtsformen, Führungspersönlichkeiten und einfache Frauen, die alle sehr unterschiedlichen Gemeinschaften in Abya Yala angehören, zu Wort kamen.

Diese lange und umfassende Erfahrung des Gesprächs, der Befragung, des Zuhörens und der Diskussion mit ihnen ermöglichte es ihr, verschiedene politische Positionen zum Frausein unter den Frauen der ursprünglichen Völker kennenzulernen. Sie alle bilden ein breites Spektrum, das von der Radikalisierung der Komplementarität (als grundlegendes Merkmal der Dualität der Gemeinschaftskosmogonien) im Sinne echter Gleichberechtigung, d. h. zugunsten der Frauen, bis hin zu Formen der Gemeinschaftsorganisation reicht, die Frauen mit dem doppelten Ziel fördern, das angestammte

Patriarchat und seine »Verbindung« mit dem kolonialen Patriarchat anzuprangern, im Hinblick darauf, dass die Sichtbarmachung beider und das Verständnis ihrer Verflechtung eine Bedingung für die Möglichkeit ist, bei der Befreiung des eigenen Körperterritoriums der Frauen voranzukommen und gleichzeitig für die Verteidigung des gemeinschaftlichen Landterritoriums zu kämpfen.

Innerhalb dieses breiten Spektrums gibt es viele andere Formen der »Arbeit unter Frauen, für ein gutes Leben für Frauen«, eine Definition, die Francesca Gargallo in Anlehnung an Julieta Paredes als Übersetzung dessen versteht, was im Spanischen *Feminismo* genannt wird. Und diese vielen Formen des »indigenen Gemeinschaftsfeminismus« umfassen verschiedene Arten von Aktivismus: für die Menschenrechte der Frauen in ihren Gemeinschaften; für die Rechte der Gemeinschaft, da sie diese als Voraussetzung für die Möglichkeit der Entfaltung ihrer Rechte als indigene Frauen begreifen, die durch die Durchsetzung des individualistischen Überlebenssystems und der Kernfamilie unmöglich würde; für die kritische Reflexion über die männliche Überlegenheit im Haus und in der Gemeinschaft; für die Diskussion und Sichtbarmachung der Auswirkungen des Machismo auf die Subjektivität und Affektivität der Frauen, um nur einige zu nennen. All dies repräsentiert ein komplexes und sehr breites Spektrum feministischer Theorien und Recherchen, die keine Zugehörigkeit zum hegemonialen und institutionalisierten Feminismus der emanzipierten Moderne erkennen lassen, d. h. zum:

> »Projekt der individuellen Autonomie, losgelöst von der Kernbildung in einem Kontext des freien Marktes, im Rahmen eines Systems, das eine Vielzahl von Subjekten ausschließt, die von der westlichen Theorie nicht in Betracht gezogen (und daher ausgeschlossen) werden.« (Gargallo Celentani 2012, 21)

Es handelt sich jedoch zweifellos um Vorschläge und Gedanken zu einem »guten Leben für Frauen«, die von denselben indigenen Frauen organisiert und umgesetzt werden, die ihre Befreiung von nicht westlichen Werten und Kosmovisionen fördern und aufbauen. Diese Werte und Kosmovisionen müssen anerkannt und respektiert werden, da sie Bedürfnisse und Forderungen von einer Universalität zum Ausdruck bringen, die dem Westen und dem weißen und westlichen Feminismus unserer Akademien unbekannt ist, der seiner konzeptionellen Matrix völlig fremd ist. Dies ist der Fall bei der Idee einer *radikalen* Emanzipation der Frauen, wie sie beispielsweise im Grundprinzip des Feminismus der bolivianischen Aymara-Gemeinschaft zum Ausdruck kommt: »Es gibt keine Dekolonisierung ohne Entpatriarchalisierung«, wobei dieser Prozess sowohl das Territorium – den Körper der Frauen, der jeder Art von Gewalt ausgesetzt ist – als auch das Territorium – das Land – umfasst, zu dem die Frauen gehören und das auf unserem Kontinent den verschiedenen Formen der transnationalen Ausplünderung und Zerstörung ausgeliefert ist (Gargallo Celentani 2012, 261).

Wir sehen, dass die anfängliche Anstrengung der erkenntnistheoretischen Dezentrierung, die die Philosophin Francesca Gargallo unternommen hat, es ihr ermöglicht hat, zu wertvollen theoretisch-kritischen Erkenntnissen zu gelangen. Ihr methodischer Vorschlag zeigt, dass ein Dialog zwischen weißen Frauen einerseits und indigenen Frauen andererseits möglich ist, aber nur unter der Bedingung, dass das überwunden wird, was Agustina Fornero »das epistemische Tabu« des westlichen lateinamerikanischen akademischen Feminismus nennt (Fornero 2015, 137), d. h. die kolonialen Privilegien der ersteren ernsthaft und tiefgreifend infrage zu stellen, die Machtverhältnisse, die der Rassismus zwischen uns webt, anzuerkennen, und den Anspruch der weißen Frauen, für und im Namen der indigenen Frauen zu sprechen, radikal aufzugeben.

SCHLUSSFOLGERUNGEN

Die drei analysierten Philosophinnen hinterfragen anhand ihrer jeweiligen Studienobjekte die modern-westliche Matrix und den traditionellen Kanon dessen, was wir »universelles Wissen« nennen. Der Ökofeminismus von Ivone Gebara weist auf die patriarchalische Erkenntnistheorie hin, die männliches Wissen als universell und gleichbedeutend mit menschlichem Wissen ansieht und die Natur und die Frauen nur als Objekte für das Studium und die Herrschaft der Männer betrachtet.

Silvia Rivera Cusicanquis Theorie des internen Kolonialismus stellt mit ihrer Betonung der Koexistenz nicht gleichzeitiger Widersprüche und der Dichte von Erinnerungen und Zeitlichkeiten, die in den Kämpfen der Gegenwart auftauchen, die moderne, lineare und progressive Konzeption von Zeit radikal infrage und zeigt deren theoretische Untauglichkeit für das Verständnis der sozialen Bewegungen in unserem Amerika.

Der Vorschlag von Francesca Gargallo erweitert die Landkarte des lateinamerikanischen Feminismus um die Besonderheiten der Ansätze von Frauen mit anderen Anliegen und Ansichten, die ebenfalls – aus ihren Gemeinschaften und Weltanschauungen heraus – für die Emanzipation, für die Erreichung eines guten Lebens für Frauen aus sich selbst heraus kämpfen. Es hilft uns zu verstehen, wie viel sie uns über die dringende Notwendigkeit lehren können, das unsichtbare Netz von Sexismus und Rassismus, Patriarchat und kolonialer Macht, das seit Jahrhunderten in die Vorstellungen und die sozialen Beziehungen Lateinamerikas eingewoben ist, zu dekonstruieren.

Alle drei richten sich gegen das eurozentrische und modern-westliche Konzept, das in der akademischen Welt Lateinamerikas immer noch hegemonial ist, und dessen Blindheit gegenüber der tiefgreifenden ethnischen, kulturellen, sozialen und geschlechtsspezifischen Vielfalt unserer Gesellschaften und der Unsichtbarkeit, die es für die Mehrheit der Menschen auf dem Kontinent mit sich bringt, offenkundig ist. Die drei legen daher nahe, das »Universelle« in unseren Ländern anders zu denken, nämlich als einen allgemeinen Horizont, der andere Sichtweisen einschließt und berücksichtigt, die immer und notwendigerweise im Rahmen lokaler und besonderer Erfahrungen entstehen. Sicherlich, weil sie zu der Hälfte der Menschheit gehören, deren philosophische Fähigkeit weiterhin untergraben wird, haben die drei die erkenntnistheoretische Fähigkeit entwickelt, vom anderen Ort aus zu philosophieren: dem Anderssein, und diese Übung hat sie gelehrt, dass »Universalität« notwendigerweise »universelle Vielfalt« ist: das Zusammentreffen von besonderen und unterschiedlichen Arten des Fühlens und Denkens.

LITERATURVERZEICHNIS

Ehrenreich, Barbara; English, Deirdre (1981 [1973]): *Brujas, parteras y enfermeras. Una historia de mujeres sanadoras.* Barcelona: La Sal.

Fornero, Agustina (2015): »Reseña de la obra Feminismos desde Abya Ayala: Ideas y proposiciones de las mujeres de 607 pueblos en nuestra América (2013) de Francesca Gargallo Celentani«. In: *Pelícano* 1, 135–37.

Fornet-Betancourt, Raúl (2009): *Mujer y filosofía en el pensamiento iberoamericano. Momentos de una relación difícil.* Barcelona: Anthropos.

Gargallo Celentani, Francesca (2004a): *Ideas feministas latinoamericanas.* México D. F.: Universidad Autónoma de la Ciudad de México.

Gargallo Celentani, Francesca (2004b): *Ideas feministas latinoamericanas. Entrevista concedida a Rafael Maya para Cimac Noticias.* Reproducida en Género con Clase (23/2/2010), URL: https://generoconclase.blogspot.com/2010/02/ideas-feministas-latinoamericanas.html [Zugriff: 10.05.2023, 15 Uhr].

Gargallo Celentani, Francesca (2012): *Feminismos desde Abya Yala. Ideas y proposiciones de 607 pueblos de nuestra América.* Bogotá: Ediciones desde abajo.

Gebara, Ivone (2000): *Intuiciones ecofeministas. Ensayo para repensar el conocimiento y la religión.* Madrid: Trotta.

Gramaglia, Paola (2014): »Las mujeres latinoamericanas construyen su propia Historia de las ideas latinoamericanas«. In: *Revista Intersticios de la política y la cultura / Intervenciones latinoamericanas* 3(6), 91–94, URL: https://revistas.unc.edu.ar/index.php/intersticios/article/view/10080 [Zugriff: 10.05.2023, 16.45 Uhr].

Rivera Cusicanqui, Silvia (1984): *»Oprimidos pero no vencidos«. Luchas del campesinado aymara y qhichwa 1900–1980.* La Paz: Hisbol.

Rivera Cusicanqui, Silvia (2010): *Violencias (re) encubiertas en Bolivia.* La Paz: La Mirada Salvaje y Ed. Piedra Rota.

Rivera Cusicanqui, Silvia (2015): *Sociología de la imagen. Miradas ch'ixi desde la historia andina.* Buenos Aires: Tinta Limón.